Cahiers de

Le Golif,

dit

Borgnefesse,

capitaine de la flibuste

Cahiers de
LOUIS-ADHÉMAR-TIMOTHÉE
Le Golif,
dit
Borgnefesse,
capitaine de la flibuste

publiés par
GUSTAVE ALAUX

présentés par
A. T'SERSTEVENS

Bernard Grasset
Paris

PRÉSENTATION

L'AGONIE DE SAINT-MALO

Août 1944.

L'armée américaine, débarquée en masse dans le nord du Calvados, rompt, à Avranches, la digue humaine que lui oppose l'ennemi et se répand à travers la Bretagne. Tandis que le XVe et le XXe corps déferlent impétueusement vers le sud-est, le XIIe, en quelques jours, atteint Rennes, Nantes et Vannes, et le VIIIe se dirige vers Brest, laissant à sa droite ce que les Allemands appellent « la forteresse de Saint-Malo », une large région hérissée de blockhaus et d'artillerie, même du côté de la mer, encerclant l'île rocheuse de la ville-corsaire.

Mal informé sur le chiffre exact des garnisons allemandes, le général Patton craint une attaque sur le flanc droit du VIIIe corps, attaque qui partirait de Saint-Malo, renforcée des troupes de Jersey et Guernesey. Il ignore que ces dernières ont été presque entièrement ramenées en Normandie; il ignore également que la « forteresse » entière ne dispose pas de dix mille hommes, la plupart artilleurs, et que la ville elle-même *n'est défendue que par un groupe de quatre-vingt-cinq hommes, ni plus ni moins, presque tous casematés dans le vieux château de la reine Anne, qui défend l'entrée de la cité. C'est pour parer à cette attaque imaginaire qu'il charge un groupement tactique (Task Force), commandé par le brigadier-général H. L. Earnest, de réduire à tout prix la redoutable « forteresse » : il n'y arrivera qu'après trois semaines de siège et la ruine totale de la vieille ville maritime.*

Le 7 août, la Task Force, ayant percé la première ligne de défense, sur le canal de Châteauneuf, arrive à portée d'artillerie de Saint-Malo et tire sur la cité les premiers obus incendiaires. Les Allemands, ravis de cet inespéré argument de propagande, se mettent de la fête, lancent de Cézembre et du Grand Bey un nombre au moins égal d'obus incendiaires. Ce duel destructeur va durer huit jours, et le brasier, favorisé par le vent du nord qui ne cessera de souffler, propagé par le zèle joyeux de la garnison, ne laissera plus que cendres et décombres de ce qui fut le glorieux berceau des corsaires malouins. Seuls, les remparts, le Château, solidement bâti, même contre les obus modernes, et quelques pâtés de maisons qu'il protégeait, demeuraient debout sur leur assiette de granit. Tout le reste, de la tour Bidouane au môle des Noires, à la Grande-Porte et à la Porte de Dinan, avait disparu, y compris l'Hôtel de Ville avec ses archives, et les célèbres hôtels des armateurs.

Le lundi 14 août, les Américains de la 83e D. I., qui avaient remplacé la Task Force, s'infiltraient glorieusement à travers les ruines encore fumantes, et faisaient prisonniers, non moins glorieusement, le lieutenant Kutser et les quatre-vingt-cinq hommes de la garnison, dont une dizaine de blessés. Nos alliés et amis nous diront qu'une victoire comme celle-là ne se paie jamais trop cher, même au prix d'un merveilleux ensemble monumental et d'une des plus illustres cités du monde.

HISTOIRE DU MANUSCRIT

Août 1945.

Mon ami Gustave Alaux, peintre de la Marine, se rend à Saint-Malo réparer la grande toile qu'il avait peinte, en 1930, pour l'Hôtel de l'Univers : l'arrivée, dans le port, d'un galion de prise amariné par des corsaires malouins. L'hôtel, protégé par le Château et par la barrière que le vent du nord, de ce côté, opposait aux flammes, n'avait perdu que ses étages supérieurs; dans la toile, quelques éclats d'obus; il ne fallait qu'une dizaine de jours pour fermer les brèches du tableau et renouveler le vernis fondu par la chaleur.

Dans un moment de repos, il va voir, à Saint-Servan, son ami Yves Hémar, l'architecte et l'érudit bien connu des Malouins et de tous ceux, en France et ailleurs, qui s'intéressent aux corsaires de jadis. Tout n'est pas intact dans la noble maison du XVIIe siècle où ce collectionneur a réuni depuis longtemps meubles et souvenirs de l'époque; mais il se plaint surtout d'avoir perdu la très ancienne maison de la rue de la Corne de Cerf, dans la cité, où la légende a logé Duguay-Trouin, et dont il avait fait un riche musée-corsaire.

« Je n'en ai rien retrouvé, ajoutait-il, mais dans un caveau muré dont j'ignorais l'existence et dont la voûte s'était écroulée, j'ai découvert un curieux document que je vais te montrer. »

Les travaux de déblaiement de la vieille ville avaient été fort longs. Il avait fallu faire sauter les murs qui menaçaient de tomber, rétablir le tracé des rues barrées de hauts décombres; ce labeur au milieu des obus non éclatés et peut-être des mines. Quand les restes de la maison de la Corne de Cerf avaient été rendus à son propriétaire, il s'était déjà passé plusieurs mois, de l'automne au printemps, avec les pluies du large et le vent bousculeur de ruines. Des milliers de rats, chassés de leurs tanières par l'incendie, avaient reflué dans les gravats; c'est la période où, par arrêté du maire, la vie des chats errants et faméliques fut religieusement préservée; entre ces deux espèces animales, la guerre continuait dans Saint-Malo, avec plus d'opportunité qu'entre Boches et Doughboys.

En mai seulement, l'emplacement de son musée déblayé, Yves Hémar pouvait enfin pénétrer dans les caves à ciel ouvert. C'est ainsi qu'il découvrait dans le caveau défoncé par les éboulements, une vieille malle écrasée par les pierres, en partie mordue par les flammes, gondolée surtout par la chaleur, et disjointe par les pluies. Il s'y trouvait, sous une épaisse couche de papiers noircis, quelques actes notariés du XIXe siècle, des livres de commerce à peu près intacts sous leur reliure de gros carton, et trois épais cahiers, dont un aux feuilles décousues, tous trois fortement éprouvés par l'incendie, les pluies et la dent des rats. Il avait transporté à Saint-Servan toutes ces paperasses pour les faire sécher et les examiner ensuite. Actes et livres lui avaient paru sans intérêt; mais les trois cahiers, qu'il n'avait fait que parcourir, s'étaient révélés comme les mémoires manuscrits d'un flibustier des Antilles, contemporain de Louis XIV, mort sans doute à Saint-Malo, et peut-être dans la légendaire maison de Duguay-Trouin. La flamme, l'eau, nombre de feuillets devenus fragiles, en rendaient la lecture assez pénible. Il n'avait pas encore eu le temps de s'y attacher, bien que la chose, pensait-il, en valût la peine...

On peut croire que Gustave Alaux, passionné de tout ce qui concerne la flibuste ne fut pas long à se proposer pour ce labeur de paléographe. Avec les habituelles et très légitimes précautions des collectionneurs, Yves Hémar lui laissait emporter le manuscrit.

Il n'en avait pas déchiffré la moitié qu'il m'invitait à passer à son atelier de Montmartre pour prendre connaissance de ce document qu'il qualifiait d'exceptionnel. La lecture n'en était pas commode. Si de nombreuses pages se trouvaient assez bien conservées, dans les deuxième et troisième cahiers surtout, les autres, avec leur encre pâlie, leurs brûlures et leurs déchirures, réclamaient un effort et une attention auxquels ma paresse ne s'astreint pas volontiers. L'écriture, une cursive d'époque, était assez facile à suivre, mais l'orthographe, des plus fantaisistes, posait de véritables rébus. Aidé, je l'avoue, par Alaux qui me guidait dans ce labyrinthe, je prenais, dès ce jour-là, connaissance du premier cahier.

Il s'agissait évidemment de mémoires authentiques, rédigés dans les premières années du XVIIIe siècle mais relatifs à des événements du XVIIe. Le papier, l'écriture, le langage, ne pouvaient laisser aucun doute sur l'époque de la rédaction. C'était bien l'œuvre d'un de ces valeureux aventuriers qui portèrent de si rudes coups, dans la mer des Antilles, aux ennemis de Louis-le-Grand. Il y avait de plus, dans cet écrit, une originalité naïve et sensible qui, par certains côtés, avait un caractère je dirais moderne si cette épithète n'était tant galvaudée, une certaine façon de présenter les choses qui s'apparentait aux manières d'aujourd'hui. Malheureusement, comme tous les mémorialistes de son temps, y compris Saint-Simon et Sully, l'auteur se montrait prolixe dans ses considérations et surtout dans les choses de son métier : ses descriptions de combats navals par exemple, étaient interminables, ne nous épargnaient pas un seul détail des manœuvres en usage dans la marine à voiles. Le reste, toutefois, me semblait si vivant et, pour tout dire, si amusant, si plein de situations neuves, émouvantes ou cocasses, et d'un tel accent de sincérité, dans l'époque et dans son esprit, qu'il me vint tout de suite à l'idée qu'on pouvait en extraire un livre de premier choix. J'avais moi-même fait un pareil travail d'allégement avant de publier, chez Grasset, sous le titre La Comédie ecclésiastique, *les* Voyages en Espagne et en Italie, *du P. Labat, en réduisant à un seul volume de 300 pages les huit in-douze du fameux Jacobin, ceci par le seul retranchement des descriptions de villes, d'églises et de monastères, qui encombraient ce livre divertissant et juteux.*

J'eus quelque peine, je dois le dire, à faire admettre ce point de vue par Alaux. Les obligations qu'il avait prises auprès de son ami Hémar, et plus encore, j'en suis sûr, son culte fétichiste pour cette Flibuste dont il est le fervent illustrateur, lui avaient fait concevoir, si le propriétaire du manuscrit l'y autorisait, la publication intégrale de ces trois cahiers qui, superposés, avaient l'épaisseur d'un annuaire des Téléphones. Il se rendit enfin à mes raisons et me promit d'ébrancher ce qu'il pourrait sans nuire à l'auteur, et même de diviser en chapitres, pour la facilité du lecteur, ce récit d'une seule haleine, coupé en trois parties par le seul hasard du brochage.

Il a été fort long à accomplir ce travail. Quand j'ai quitté la France, en 46, pour mon voyage de trois ans à travers les archipels de la Polynésie, il n'en avait pas fait la moitié. C'est à Tahiti, en avril 49, que j'ai reçu une lettre m'annonçant que la besogne était terminée, les coupures faites à contre-cœur, les chapitres établis et l'orthographe à peu près mise à la façon de notre temps.

Accablé de travail, après mon retour des Iles, ce n'est qu'en février 51 que j'ai pu enfin prendre connaissance du manuscrit complet et du texte qui le réduisait d'un bon tiers. Je confesse m'être livré sur ce dernier à de nouvelles amputations, avec l'impitoyable chirurgie d'un homme de métier. Mais si, l'un et l'autre, nous avons tranché de nombreux appendices, nous n'y avons greffé, ni l'un ni l'autre, le moindre lambeau de notre fabrique. Tout ce que Gustave Alaux offre aujourd'hui au public est strictement de la main de Louis-Adhémar-Timothée Le Golif, capitaine de la flibuste, y compris sa syntaxe, ses archaïsmes, ses mots un peu verts, ses naïvetés et ses gaudrioles.

DESCRIPTION DU MANUSCRIT

Le manuscrit du capitaine Le Golif se compose, je l'ai dit, de trois cahiers, mais d'épaisseurs différentes, le premier un peu plus gros que les deux autres sensiblement égaux. Trois chemises en papier blanc enveloppent le premier. Celle du dessus, aux trois quarts consumée et déchirée, ne porte, sur le fragment du haut, qu'un nom, sur une seule ligne : Louis Adhemar Timothee, (*sans accents ni traits d'union*) Le Golif, dit Bo... *C'est par le texte que Gustave Alaux a pu compléter le sobriquet :* Borgnefesse, *l'auteur ayant perdu dans un de ses premiers combats ce qu'il appelle « le gras de la fesse gauche ».*

Si je m'en réfère à Alaux, qui a eu la patience de collationner le manuscrit tout entier, celui-ci se compose de quatre cent douze feuillets, soit huit cent vingt-quatre pages, y compris les feuillets fragmentaires assez nombreux : c'est ainsi que la fin du dernier cahier comprend, à la suite des dernières pages de cette édition, une trentaine de feuillets tellement rongés par la chaleur et l'humidité qu'il nous a été impossible d'en reconstituer le texte : on y trouve les traces d'une sorte de testament. Il en est de même de la fin du premier cahier et du commencement du deuxième, ainsi que de quelques pages dans le plein du premier cahier.

En effet, lorsque les trois cahiers ont été trouvés dans la cave de Saint-Malo, leur position n'était en rien conforme à celle qu'ils ont sur la photographie qu'Alaux en a fait faire aux ateliers Sadi, à Paris. Si les cahiers 2 et 3 avaient encore la grossière couture qui rassemblait les feuillets, ceux du premier s'étaient répandus à travers la malle et n'avaient été relativement préservés que par les cahiers suivants, les plus éprouvés. Il a donc fallu beaucoup d'attention pour remettre en ordre ces feuillets du premier cahier, car, selon un usage assez fréquent à l'époque, ils n'étaient pas numérotés. Il faut regretter que ce travail ne se soit pas fait sans dommage : sept feuillets ont été perdus, le papier s'étant émietté entre les doigts. La description que je vais donner du manuscrit est postérieure à la mise en ordre, seulement conforme à l'état où je l'ai trouvé lorsqu'il m'a été confié.

Il se compose, je l'ai dit, de quatre cent douze feuillets, mais il est tout entier écrit sur un papier de fil d'un corps assez épais pour avoir généralement résisté à la chaleur de l'incendie et aux pluies de tout un hiver.

Les feuillets entiers ont presque uniformément 270 millimètres de hauteur sur 215 de largeur, une quarantaine plus courts dans les deux sens, mais de la même qualité, la trame des vergeures tout à fait semblable. Ni les uns ni les autres n'ont de filigrane.

La marge de gauche, dont on découvre sur plusieurs pages la limite au crayon, varie entre 30 et 45 millimètres de largeur. Celle de droite est très variable, parfois même n'existe plus, le texte rejoignant la tranche du feuillet. Selon un usage déjà vieux à l'époque, et qui s'est malheureusement perdu, la marge de gauche porte de-ci de-là des indications analytiques, sorte de titres intérieurs destinés à faciliter les recherches.

L'écriture, ornementée à la manière des calligraphes de

tous les temps, m'a fait tout d'abord penser que le manuscrit original de Le Golif avait été reproduit, sous ses ordres, par un copiste de métier; mais j'ai bientôt compris qu'un tel scribe aurait au moins connu les éléments de l'orthographe, et qu'on ne pouvait donc attribuer qu'au flibustier lui-même l'extrême fantaisie de cette orthographe. Elle n'est pas uniquement phonétique; on y retrouve quelquefois de lointains souvenirs du séminaire d'où le jeune Louis-Adhémar s'est évadé. Elle est surtout savoureuse et nous a comblés, Alaux et moi, d'exhilarantes surprises.

Il n'est pas rare que des hommes d'éducation moyenne aient une écriture aussi appliquée, avec les rondeurs, les pleins, les déliés et les agréments de la bâtarde modèle. Il est probable que le capitaine, qui n'avait plus grand'chose à faire dans sa retraite, a recopié lui-même, avec sollicitude et tendresse, la première version de ses mémoires, car ses cahiers, tels qu'ils nous sont parvenus, ne comportent presque pas de ratures, et la régularité de la copie montre qu'il s'agissait d'une reproduction cursive, sans hésitations ni remords. Cette écriture, d'ailleurs, reflète bien la psychologie du personnage, un peu bien content de lui-même, tresseur de ses propres lauriers, et d'une fatuité qui ne vieillit pas.

Pour en revenir à son orthographe, elle n'est guère plus déplorable que celle de bien des gens de qualité du même siècle et même de quelques grands écrivains du temps. En cette matière, s'il y avait ignorance chez Le Golif, c'était, pour les gens blasonnés, une sorte de snobisme ou de mépris aristocratique : on laissait aux manants de plume de mettre l'orthographe comme il le fallait, souci réservé à un tiers-état intellectuel qui ne savait manier ni l'épée ni le cheval. On peut trouver dans bon nombre d'actes notariés des XVIe *et XVII*^e^ *siècles la mention suivante :* Le dit seigneur a déclaré ne savoir pas écrire, attendu sa qualité de gentilhomme. *On ne se donne même pas la peine de signer correctement son propre nom; on le fait selon le caprice du moment. Malherbe lui-même signe* Maleherbe, Malherble, Malerbe *ou* Malherbe, *indifféremment. On serait donc mal venu de reprocher à un vieux flibustier d'écrire* La Mérique *ou de parler du* tant *qu'il fait.*

Le texte du manuscrit va d'un bout à l'autre sans interruption, même en passant d'un cahier à l'autre, et presque sans alinéas ni ponctuation. C'est pour lui enlever ce caractère compact et sans escales que Gustave Alaux l'a divisé en chapitres, et pour lui donner de l'air, a créé des alinéas et séparé les voix du dialogue, usage très récent si l'on s'en réfère aux éditions anciennes. Nous sommes si bien habitués à l'optique de nos impressions modernes que la plupart des lecteurs sont rebutés par la compression de la typographie de jadis. Il importait de rajeunir, sinon le texte qui n'en avait nul besoin, au moins l'aspect matériel de ces mémoires.

L'AUTEUR

Gustave Alaux s'est donné beaucoup de peine pour identifier ce capitaine Le Golif. Malheureusement, les archives de Saint-Malo ont disparu dans l'incendie : on s'était fié à des caves profondes où les flammes sont allées chercher ces précieuses reliques et les ont réduites à néant, perte irréparable, presque égale à celle des archives de Paris, pendant la Commune.

Dans les registres de décès il n'a pas trouvé trace d'un Louis-Adhémar-Timothée Le Golif, non plus que dans les actes de baptême de Saint-Martin de Ré où le flibustier est probablement né et nous dit avoir passé son enfance. Les registres de déclarations de prise, aujourd'hui détruits, parlaient bien d'un Athanase Le Jolif (avec un J au lieu d'un G), contemporain de Borgnefesse, mais il s'agit là d'un corsaire réputé et qui n'a jamais porté ce sobriquet. Une vague correspondance de nom et de prénom ne nous permet pas d'assimiler les deux personnages. Au surplus, bien que le capitaine Le Golif ait vécu à Saint-Malo et qu'on y ait trouvé ses mémoires, il n'est nullement prouvé qu'il y soit mort. Il est à remarquer, en effet, que la malle où l'on a découvert les cahiers renfermaient aussi des actes notariés du dix-neuvième *siècle, n'ayant aucun rapport avec la famille Le Golif. Ces cahiers avaient donc été déposés là par l'un des propriétaires ou des locataires de la maison, dans la première moitié du dix-neuvième siècle.*

Le Golif n'est-il donc pas un pseudonyme, comme Borgnefesse était un sobriquet? C'était une coutume courante, parmi les flibustiers des Antilles, de dissimuler leur véritable nom, et la plupart ne sont connus que par leur sobriquet. Le P. Lepers, un Jésuite qui a vécu à Saint-Domingue de 1704 à 1734, et qui nous a laissé une très vivante histoire de cette île, nous dit, à la page 52 de l'édition moderne[1] *:* ... ils affectaient (*les flibustiers*) de mettre tout en oubli, jusqu'aux noms de leurs familles, auxquels ils en substituaient d'autres très ridicules, comme Brisegalet, Vent-en-panne, Passe-partout, Chasse-marée et mille autres de cette nature, qu'ils affectaient de porter jusqu'à la fin de leurs jours, sans qu'il fût jamais possible de leur faire décliner leur véritable nom, à moins qu'ils se mariassent, ce qui a donné lieu à un proverbe qui a encore cours aujourd'hui : « On ne connaît les gens dans les îles que lorsqu'ils se marient. »

1. Paris. L'Edition Française Illustrée.

Ils prenaient souvent le nom de leur ville ou de leur province d'origine, comme l'avaient fait les capitaines Brouage, Picart et Montauban, ce dernier sans doute natif de cette cité, qui légua toute sa fortune aux pauvres de Bordeaux et dont une rue de cette dernière ville porte le nom, ou plutôt le sobriquet, car on n'a jamais connu son nom véritable.

Le Golif était donc certainement plus connu sous le sobriquet de Borgnefesse, et c'est ainsi que l'appellent toujours, dans ses mémoires, ses amis et les hommes de son équipage. Il est à peu près certain que pendant sa vie aux îles, et même pendant sa retraite à Saint-Malo, on ne lui donnait jamais d'autre nom. On ne peut douter, cependant, que la ligne de titre, sur le feuillet de garde, Louis Adhemar, *etc., ne soit de la même main que le contenu du manuscrit.*

Nous avons essayé d'établir, en nous appuyant sur le texte, une chronologie de son existence. Il doit être né vers 1640. Il dit en effet, en parlant de ses parents et du siège de La Rochelle : Ayant connu là (*à l'île de Ré*) ma mère et la guerre finie mon père l'épousa et demeura en ce pays. *Le mariage se fit donc vers 1630. Et comme il nous dit encore être* le neuvième enfant d'une famille qui en compta onze, *nous pouvons, en tenant compte de la cadence des naissances dans ce temps-là, établir la sienne aux environs de 1640.*

Son arrivée dans les îles peut être placée aux environs de 1660. Il écrit en effet : Ce n'est que quelques années plus tard que le Flamand Œxmelin vint aux îles. *Or, ledit Flamand écrit, au début de son ouvrage :* Nous nous embarquâmes le 2 mai 1666. *Le Golif aurait donc eu environ vingt ans lorsqu'il débarqua à la Tortue.*

Le reste ne peut être déterminé que par les événements dont il parle à l'occasion, car il ne nous donne pas une seule date précise. En se basant sur 1640 comme année de sa naissance, il devait avoir 38 ans lors de la paix de Nimègue, 43 à la prise de Vera Cruz, 45 à son retour en France. Quand il commença la rédaction de ses mémoires, il était déjà un vieil homme, *ainsi qu'il le dit dans les premières pages, et il est probable qu'il a mis longtemps à les écrire car il se plaint souvent de la défaillance de sa mémoire. Le fait qu'il ait connu l'ouvrage de Ravenau de Lussan, paru en 1707 – il en parle à la fin de son manuscrit – montre qu'il vivait encore à cette date : il aurait eu alors 67 ans. Nous ne pensons donc pas être très loin de la vérité en plaçant son décès aux environs de 1710; mais il ne serait pas impossible qu'un de ces durs à cuire de flibustiers n'eût vécu plus longtemps.*

Je suis beaucoup plus instruit de la physionomie morale de l'homme, car ses mémoires nous le livrent tout entier, avec ses qualités de marin, son courage, son mépris de la mort – la sienne comme celle d'autrui – et son décoratif amour-propre, ce qu'on pourrait appeler le panache. Je laisse au lecteur de se livrer lui-même à cette enquête psychologique, car j'ai à m'occuper spécialement de l'écrivain, s'il m'est permis de donner ce titre à un homme qui, certainement, s'en serait offensé.

Ce qui le distingue des autres auteurs de mémoires sur la course et la flibuste – et j'en ai lu beaucoup – c'est ce goût très vif de l'anecdote qui a permis à Gustave Alaux d'extraire une série de chapitres dont chacun forme un tout, avec un sens de la composition que ne possède aucun de ceux qui nous ont donné le récit de leur existence aventureuse. Je rappelle toutefois que les cahiers ne comportent pas que cela, qu'ils sont, au contraire, encombrés de considérations oiseuses et de trop minutieuses descriptions de batailles navales, tout ce qu'Alaux a consenti, non sans amertume, à jeter par-dessus bord. Le reliquat, ce qu'il offre aujourd'hui au public, pourrait classer Le Golif parmi ces écrivains naturels et spontanés dont le grand siècle a été prodigue; et je pense à Tallemant, Retz, Saint-Simon, le P. Labat, sans, bien entendu, songer un seul instant à mettre Le Golif sur le même plan. C'était un homme sans beaucoup d'éducation, bien qu'il soit passé par le séminaire, mais qui portait en lui la sensibilité, la vision, le sens anecdotique et descriptif d'un véritable écrivain. Pour le reste, on ne polit guère sa plume en courant les mers pendant vingt-cinq ans; il était certainement plus habile à manier l'épée ou le sabre d'abordage, et sa manière s'en ressent. Le ton a la rudesse d'un flibustier, et la verve est gauloise.

C'est en cela qu'il se distingue aussi. Il est bien sûr qu'il ne nous relate pas sans complaisance ses aventures féminines, bien qu'il y joue parfois un rôle assez quinaud. Ses souvenirs vieillissants s'y attardent volontiers, avec des détails si scabreux qu'il a bien fallu, deux ou trois fois, renoncer à leur impression. Cette liberté de propos n'est guère le fait des anciens corsaires qui nous ont laissé leurs mémoires, mais elle l'était à coup sûr des autres mémorialistes du temps. Je renvoie les lecteurs au Diary *de Samuel Pepys, à son attitude devant les rondeurs de sa bonne exaltées par la tension de la jupe lorsque la donzelle lave les carreaux. Alonzo de Contreras, autre aventurier du siècle, nous raconte ses démêlés avec les femelles sur un ton qui eût démonté Borgnefesse : il y a là une histoire de dame espagnole*[1] *et un « Touchez-y, vous le verrez ! » que la licence du flibustier n'a jamais atteints.*

Il convient de rappeler que le capitaine Le Golif, sauf noces occasionnelles à la façon boucanière, a toujours été et est sans doute mort célibataire. Il n'écrivait donc que pour lui-même ou pour des amis qui ne devaient pas être pudibonds. Ce n'est pas le cas du corsaire Doublet, par exemple, qui nous dit, à la

1. P. 241, de l'édition Plon.

première page de son Journal [1] : Ce n'est donc que pour satisfaire ma famille et mes intimes amis, lesquels m'ont souvent prié de leur laisser un manuscrit de mes voyages, que je me suis appliqué à y travailler. *Aussi ne fait-il que glisser sur des aventures féminines qu'on devine beaucoup plus substantielles et beaucoup plus nombreuses. Borgnefesse, qui ne se devait en rien à une veuve et des descendants qu'il n'aurait jamais, pouvait s'exprimer de façon plus sincère et plus gaillarde.*

Son long séjour aux Antilles l'a rendu fort crédule en tout ce qui concerne les apparitions et les revenants. C'est le sort habituel de tous ceux qui ont vécu entre les tropiques. Je n'ai pas rencontré un seul Blanc de Polynésie qui ne crût aux tupapau, *aux* tiki, *au* pifao *et autres éléments du maléfique. Le P. Labat lui-même, solide tête carrée et fort bon chrétien, n'ose nier les* zombi *ni le pouvoir des sorciers nègres, qu'il attribue au Diable. Lafcadio Hearn, qui a passé des années à la Martinique, est rempli de ces histoires de magie noire – c'est bien le cas ! – dont il ne doute pas un seul instant. Or, dans ces deux derniers cas, il s'agit d'intellectuels au cerveau supérieurement organisé. Rien d'étonnant à ce qu'un flibustier d'une époque crédule nous conte l'histoire d'un « revenant qui ne voulait point être cocu », cette autre d'une dame fantôme qui marche sur la mer, et à ce qu'il voie apparaître dans les moments difficiles la pucelle défunte de Maracaye. On peut croire qu'il ne cherchait nullement à nous leurrer car il y croyait dur comme fer.*

Je ne veux pas empiéter plus outre sur le récit de ce personnage de haut relief, comme le sont presque tous ses « Frères de la Côte », ainsi qu'on les appelait alors. Ses récits très vivants, extraits, sans aucune addition ni retouche, d'un ouvrage un peu bien touffu, sauf pour des spécialistes, en diront beaucoup

1. Publié en 1887, par Charles Bréard, chez Perrin.

plus que je ne saurais le faire sur ses qualités de conteur, sur son humeur héroïque ou goguenarde, sur la franche et vigoureuse santé de ses propos.

A. T'SERSTEVENS.

I

Comment et pourquoi je partis aux îles de l'Amérique

On sera peut-être étonné qu'un Capitaine de la Flibuste, homme plutôt d'épée que de plume, ait consenti à enfanter un gros grimoire et à barbouiller d'encre plusieurs forts cahiers. On le sera moins lors que j'aurai dit qu'en mon jeune âge, avant de courir l'aventure sur les mers, j'ai d'abord étudié pour être d'église.

Mes parents, qui nourrissaient pour moi cette ambition, me mirent, en le cours de ma douzième année, au petit séminaire de N... mais, lors que me vint la puberté, mon penchant pour le sexe me conduisit à sauter souventes fois le mur, ce qui, étant su, ne manqua pas de faire quelque bruit. On prétendit alors m'enfermer. Mais il n'est si épaisse et sévère prison dont un garnement de mon espèce ne parvienne à s'échapper. En bref, il advint que je fis un enfant à la fille d'une lingère du voisinage et Monseigneur l'Evêque voulut voir là le signe que ma vocation ecclésiastique n'était pas aussi certaine qu'on le pouvait désirer.

Je quittai le petit séminaire. Mais des études que j'y ai faites, j'ai toujours conservé le goût des belles lettres et du bien parler, et ne suis point fâché que ceux-là qui liront ces cahiers, apprennent par eux qu'on peut être rude et vaillant homme de guerre, sans être, pour autant, rustre et grossier butor, comme il s'imprime chaque jour, entre mille autres bourdes, dans les gazettes et tous les écrits des cuistres besogneux.

Que l'on ne s'attende point que je raconte ici toute ma vie. Non point qu'elle ait été insipide, ce serait bien plutôt le contraire, mais, si j'entreprenais de narrer par le menu tous les faits d'armes et actions d'éclat que j'ai accomplis l'épée au poing, il ne faudrait, pour cela, pas moins d'un gros ouvrage en quinze ou vingt volumes in-quarto. Je me veux donc borner à ne confier au papier que quelques-uns des événements singuliers auxquels il m'a été donné d'être mêlé, que ce soit en acteur ou en spectateur.

C'est un doux passe-temps, pour un homme de quelque cervelle, que d'occuper ses ultimes années au souvenir, et comment se peut-on mieux souvenir que la plume à la main ?

De mon enfance, il suffira que l'on sache que je suis né à l'île de Rhé, en Aunis. Mon père était natif de Saint-Malo en l'Ile, en Haute Bretagne. Il était venu à Rhé avec Monsieur de Thoiras, qui y fit, dans Saint Martin, si belle défense contre l'Anglais, au temps de Monseigneur le Cardinal du Plessis, duc de Richelieu. Ayant connu là ma mère, et la guerre finie, mon père l'épousa et demeura en ce pays.

Je fus le neuvième enfant d'une famille qui en compta onze, à savoir : six filles et cinq garçons. Si j'en excepte une sœur qui est entrée dans les Ordres et une autre qui est mariée à un tonnelier d'Aytré, où elle est toujours, mère de treize enfants dont sept sont encore vivants, et grand-mère de vingt huit petits-enfants, je suis le seul survivant de cette famille dont je parlerai peu, pour ce, qu'étant parti fort jeune aux îles de l'Amérique, j'eus tôt fait de perdre tout ce monde de vue, et que je ne m'inquiétai guère plus d'eux qu'ils ne firent de moi.

Etant donc sorti du petit séminaire et ne pouvant ni voulant demeurer à la charge de mes parents qui me regardaient, après mon aventure avec la fille de la lingère, dont j'ai parlé, comme vaurien et vilain chenapan, j'entrai au service d'un gargotier de la ville de Brouage, et, de là, je passai à Nantes, puis à Rouen, et enfin à Dieppe. Je m'étais exercé aux métiers les plus divers sans en trouver un seul qui me pût nourrir à ma faim, qui était déjà grande. C'est en cette ville de Dieppe, où je demeurai deux ans et trois mois, qu'un savant Maître d'armes se prit d'amitié pour moi et me voulut bien donner bonnes leçons de son art, encore que je ne le pusse payer en monnaie, car j'étais plus gueux qu'un rat. J'ose à peine écrire que je le dédommageai de son temps en lui faisant connaître des filles. Il les aimait jeunettes, potelées et faciles, et, lors qu'il les trouvait telles, il faisait assez le généreux. Je vis plus tard qu'il n'aimait point que les filles. Ce fut le jour où il me voulut mettre dans la main une autre arme que l'épée. Pour cette fois, j'y échappai, comme ce fut souvent le cas dans la suite.

Je dois dire que les leçons qu'il me donna, je parle de l'épée, me furent de bien grande utilité, car je n'ai jamais rencontré nulle part au monde un quelqu'un qui me pût tenir tête et que je n'eusse envoyé au sol en peu d'instants et assez joliment.

C'est vers ce temps, que, lassé d'avoir toujours le ventre creux, travaillé du goût de l'aventure, et tout échauffé du feu de la jeunesse, je pris le parti de quitter mon pays pour servir comme engagé, autant dire comme esclave, les colons de Saint-Domingue, et cela pour trois années.

Nous mîmes à la voile sur un vaisseau nommé *Le Héron*, que menait comme Capitaine un nommé du Placître, natif de Saint-Malo et qui connaissait bien mon père.

Ce n'est que quelques années plus tard que le flamand Œxmelin vint aux Iles. Etant retourné ensuite chez lui, il y a écrit l'*Histoire des Aventuriers de l'Amérique*, ouvrage qui fut mis en français par le Sieur de Fontignères [1].

Quoique n'écrivant que de ouï-dire et se faisant l'écho de maintes bourdes et balivernes que j'ai relevées en son livre, il a conté, mieux que je ne le pourrais faire, les exploits de plusieurs vaillants et renommés Capitaines que j'ai, ce pourtant, moi, mieux connus que lui et de plus près, mais il en a passé des meilleurs, tels que Julien, Fulbert, Cameyrelongue, Vincent, et quelques autres, sans oublier votre serviteur.

Quoi qu'il en soit, je n'entreprendrai point de marcher sur ses brisées, ni me risquer à faire comme lui, le chroniqueur. Encore que son ouvrage ne parle que de seconde main, il vaut, ce pourtant, qu'on s'y arrête. Ici on ne verra que des faits de ma façon, ou que j'ai ouï des bouches des gens de bien et d'honneur que j'ai approchés.

Connaissant bien que l'âge et les infirmités qui l'accompagnent ne peuvent manquer, à la longue, de brouiller la mémoire d'un vieil homme, et que ces

1. Dans les lignes qui suivent, le capitaine Le Golif se montre injuste envers Œxmelin qui fit réellement la course en qualité de chirurgien et prit part à plusieurs expéditions de la flibuste.

choses me passeront de la tête et s'en iront pour lors se perdre dans l'oubli, je me détermine à les mettre sur le papier me flattant par là de leur éviter cet oubli qui ne me paraît point mérité.

Mais je n'ignore pas que c'est là, sans doute, prétention vaine et illusoire ambition, pour ce que je sais le manque de curiosité des hommes envers les choses du passé, pour peu qu'elles ne relatent point les conquêtes et démêlés des Princes entre eux, les rivalités des Rois, et les guerres sanglantes qui s'en suivent, dont il est tiré par les uns grande gloire, et, par les autres, grande rancune, selon qu'elles sont vues par ceux là qui ont été vainqueurs, ou par ceux là qui ont été vaincus.

II

Comment je devins boucanier et, par la suite, flibustier

Je ne dirai rien de notre traversée, encore qu'elle fût méchante et longue, mais cela est l'ordinaire, et, en vérité, il ne nous advint aucune chose qui valût la peine qu'on s'y arrêtât.

Trois jours après notre arrivée à l'île de la Tortue, je fus vendu pour vingt-cinq écus à un habitant nommé Piédouille, qui était bien l'homme le plus cruel et avaricieux de tout le pays, et je dirai en son temps, combien déplorablement il finit. Il était venu s'établir habitant à la Tortue dans les premiers, avec Monsieur le Chevalier de Poincy et Le Vasseur, qu'il avait connus. On racontait de lui, qu'au temps où les Espagnols s'emparèrent de l'île par surprise, Piédouille s'était conduit de la façon qu'on va voir. Monsieur de Fontenay, qui était pour lors Gouverneur, ayant commis l'imprudence de laisser à la fois tous les aventuriers partir en course, se dut retirer dans le fort, avec une poignée d'habitants, dont fut Piédouille. Ils semblaient résolus à vouloir résister jusqu'à l'extrémité. Mais les habitants, amollis par la vie qu'ils ont et qui n'est point celle des combats, changèrent leurs idées lors qu'ils virent qu'il leur faudrait endurer beaucoup de privations, comme se nourrir de biscuits gâtés et puant l'urine de rat, et ils se voulurent bientôt rendre à l'ennemi. Ils étaient encouragés à cela par Piédouille et un nommé Bedel. Ce dernier, étant venu dire avec menace et insolence à Monsieur de Fontenay, qu'il fallait composer avec l'Espagnol, le dit Monsieur de Fontenay ne manqua pas de lui casser la tête d'un coup de son pistolet. Le sieur Piédouille, qui avait plus de cautèle, par lamentations et jérémiades, en vint à ôter tout courage même aux plus déterminés, si bien que, se voyant avec une garnison qui ne se voulait plus défendre, Monsieur de Fontenay dut se résigner à traiter. Il eut promesse de la vie sauve pour les habitants, ce qui réjouit fort Piédouille et beaucoup d'autres. Piédouille, connaissant assez le langage espagnol, avait fait le parlementaire. On avance même qu'il avait, dès auparavant, des intelligences chez l'ennemi. Il se trouve toujours, comme on le sait, lors que le sort des armes est contraire, des gens pressés de prendre le parti du vainqueur, et le sieur Piédouille était de ce nombre. Il se flattait par là que les Espagnols le rétabliraient dans ses biens et propriétés, ce qu'ils firent, en effet. Il obtint, ce pourtant, pour Monsieur de Fontenay, que les Français se pussent retirer du fort assez joliment, tambours battants et mèches allumées, avec toutes les armes et leurs bagages, et disposassent de deux vaisseaux qui étaient à la Rade, pour mener ceux là qui le désireraient à la grande terre. Mais Piédouille ne voulut point en être, refusant d'abandonner ses richesses pour l'amour du Roi, et il demeura à la Tortue, en son habitation, où les Espagnols, qui avaient à se louer de lui, le laissèrent en paix. A quelque temps de là, Monsieur du Rossey, à la tête de plus de cinq cents boucaniers et flibustiers revint pour reprendre la Tortue sur l'Espagnol. Le sieur Piédouille, qui n'était jamais long à retourner sa culotte, trahit ces derniers, comme il avait fait auparavant aux Français. On le vit le plus enragé contre l'ennemi. Ce fut lui qui conduisit les aventuriers qui avaient débarqué sur la côte Nord, réputée inabordable, et leur fit franchir toute l'île, à travers et pardessus forêts et montagnes, pour venir surprendre les Espagnols du côté où ils n'attendaient personne. Par la suite, on eût cru, à l'entendre, que c'était lui seul qui avait rendu la Tortue à la Couronne de France. Quoi qu'il en soit, pour ce service, il ne fut pas plus inquiété par les Français revenus, qu'il ne l'avait été, jadis, par les Espagnols.

Je fus, chez lui, plutôt nourri de coups de trique que d'aliments. Il nous employait à défricher la terre et abattre des arbres, et le travail qu'il exigeait de nous était au-dessus de celui qu'on demande aux galères.

Après huit mois de cette vie, me voyant bien amaigri et dans le cas de venir malade, au lendemain d'un jour où j'avais reçu tant de coups de liane que j'en eus plus de six semaines le dos et les épaules endolories, je résolus de m'enfuir et de passer à la grande terre, ce que je fus assez heureux pour réussir, en compagnie d'un frère de misère qui s'appelait Bournizot. Nous dérobâmes une chétive barque à la Rade, et traversâmes les deux lieues de mer qui séparent la Tortue de la grande île Saint-Domingue, par une nuit bien noire, non sans avoir couru de grands risques par la faute des vents et des courants qui sont très forts et violents en cet endroit. Je dois dire qu'en cette occasion, les rudiments de l'art de naviguer, que j'avais pris, lors que j'étais gamin, à l'île de Rhé, en m'amusant avec d'autres garnements dans les esquifs des pêcheurs dont nous nous servions sans vergogne lors que leurs maîtres étaient à la mer, me furent d'un bien grand secours, et si je n'eusse point su tenir le timon d'un gouvernail et lâcher de l'écoute à la voile lors que le vent vient trop fort, nous eussions infailliblement péri.

Nous cachant le jour dans les forêts et marchant la nuit vers l'endroit où se couche le soleil, nous parvînmes à un ajoupa de boucaniers. Ils étaient sur la côte à attendre un vaisseau de Hollande qui leur était annoncé et venait, de contrebande, faire échange de poudre, fusils, toiles, contre des peaux de taureaux sauvages. On sait que ce commerce était prétendument défendu par la Compagnie.

Après que ce vaisseau fut venu et reparti ayant fait le dit commerce, je m'amatelotai avec un boucanier nommé Kulescher, originaire de Flessingue en Flandre. M'étant séparé de mon compagnon Bournizot, que je n'ai point revu depuis, je partis avec ce Kulescher à l'intérieur des terres pour chasser le bœuf sauvage et menai avec lui la rude vie des boucaniers. Je n'entreprendrai point d'écrire sur leur façon singulière de chasser, se nourrir et se vêtir, pour ce qu'Œxmelin l'a fait avant moi. Il me suffira de dire que ce Kulescher était l'homme le plus velu, sale, plus puant qu'un âne embrenné, que j'aie approché de ma vie. Et quand je dis approché, je ne parle point au figuré, pour ce qu'il me fallut bien soumettre aux mœurs et coutumes de ces gens là, qui n'ont point de femmes à leur portée.

Kulescher, qu'on appelait aussi Vert-de-gris, pourquoi ce que l'on pouvait voir de la peau de son visage était de cette vilaine couleur, vint à tomber malade quelques mois plus tard. Il avait tant de barbe qu'elle rejoignait ses sourcils, et le bas du dos et les cuisses couverts d'autant de poils qu'en peut montrer un ours.

Il demeura plusieurs jours sans pouvoir marcher sous le poids des peaux qu'il nous fallait porter jusqu'à la côte, puis il eut des vomissements de la couleur verdâtre qui était celle de sa figure, et, enfin, trépassa, non sans quelque délire.

Je me trouvai pour lors seul dans la montagne. Je mis par-dessus la dépouille de Vert-de-gris toutes les pierres que je pus ramasser aux alentours, afin que les bêtes carnassières ne la dévorassent point, et, me souvenant que j'avais été au séminaire, je fis quelques prières. En suite de quoi, je pris avec moi le plus de peaux que je pus et m'acheminai vers la côte. On peut croire qu'avec ce chargement, et les deux fusils nantais, et la poudre et le plomb, sans oublier les couteaux, j'en avais de reste. Aussi est-ce bien épuisé, qu'ayant marché plusieurs jours vers le Nord, j'arrivai en un lieu nommé le Trou à rat, où je vis un navire qui balançait sur son ancre à quelque distance du rivage. Ayant pris langue avec les gens de ce bateau, qui en étaient descendus pour ramasser du bois et chercher de l'eau à un ru qui coulait non loin de là vers la mer, j'appris de leur bouche qu'ils étaient des Flibustiers, et écumaient, pour le Roi, toute la mer des Caraïbes, des Bouches du Dragon au golfe de la Floride, et cela, avec grande gloire et profit. De là me vint l'idée d'embarquer avec eux. Il se trouva qu'ils avaient eu, peu avant, une affaire qui leur avait coûté quelques hommes, en sorte que le Capitaine de ce bateau ne fut point fâché de me prendre sur son bord, où il n'avait point trop de bras. Ce Capitaine n'était autre que le fameux Roc, dont, au premier abord, l'aspect ne laissa pas de me surprendre [1]. Son visage

1. Œxmelin parle longuement de ce capitaine Roc, et consacre plusieurs pages au récit de sa vie et de ses aventures.

était, au contraire de ce que l'on voit aux autres humains, plus grand par le travers que par la hauteur. Il était petit, mais plus fort que Turc. On ne savait trop d'où il venait, encore qu'il disait être né à Groningue, en Frise, et je n'ai su que bien plus tard, lisant Œxmelin, pourquoi on l'appelait le Brésilien. Son mauvais penchant était le boire, après quoi, il était grandement redoutable, pour ce qu'ayant toujours son sabre nu sous le bras, il n'avait pour lors guère de retenue pour faire sauter la tête à tous ceux-là qui lui déplaisaient, exercice auquel il était fort adroit.

Je fis quelque temps la course avec lui et on peut penser que j'eus là un bon maître. Je fus du naufrage qu'il fit sur la côte de Campêche et prisonnier avec lui des Espagnols. Après avoir demeuré deux mois en une prison de cette ville de Campêche où je pensai périr de la faim, je fus envoyé à une grosse plantation de cannes pour y servir d'esclave. Je n'y fus pas plus mal traité que chez Piédouille, et, beaucoup mieux, après que j'eus montré mes mérites, et pu y nouer une intrigue avec l'épouse du maître de la plantation. Elle était belle femme et obtint pour moi, de son cocu, que je pusse jouir de quelque liberté.

Pour donner à juger combien les gens de ce pays sont stupides, je veux conter ici qu'un jour, je vins au bord de la mer avec la tentation de prendre un bain, ce que je n'osais pourtant faire dans la crainte des tiburons. Ce sont gros poissons que d'aucuns nomment aussi requiems, pour ce que si un homme à la mer est attrapé par eux, ils sont tant voraces qu'il ne demeure à ce malheureux nul espoir si ce n'est en la Vie Eternelle [1]. Ayant marché sur la rive quelque temps sans oser me

1. Il n'est point besoin de dire qu'il s'agit là des requins.

risquer à mettre le pied dans l'eau, je vins à la bouche d'une rivière, ou rio, qui jetait là son eau douce dans la salée. Je trouvai sous un palmier un vieil homme qui sommeillait non loin de sa cabane. L'ayant interrogé pour savoir s'il y avait des tiburons en ces parages, il m'assura que non, et qu'il habitait là depuis plus de quarante années et n'en avait jamais vu aucun. Sur cette assurance, et de plus en plus incommodé par la chaleur qui était de feu, je me dévêtis et, sans m'écarter de la bouche de ce rio, je m'ébattis longuement dans l'eau. En étant sorti, et revêtant mes habits que j'avais laissés sous le palmier, là où était toujours le vieil homme, je m'enquis sur ce pourquoi il n'y avait point de requiems en ce lieu, alors qu'ils pullulaient par ailleurs. Il me répondit que c'était pour ce qu'ils avaient peur des crocodiles qui étaient fort nombreux en cet endroit.

On peut voir par là leur sottise.

Peu après, j'appris par la dame, que, quelques-uns d'entre nous en étant venus à se révolter en d'autres plantations, où ils se trouvaient être moins bien traités qu'en celle ou j'étais, n'ayant pas les mêmes raisons d'y être bien, on avait arrêté que tous les Flibustiers prisonniers seraient envoyés aux mines du Pérou d'où on ne revient jamais. Je m'échappai pour lors des Espagnols par une ruse que je n'écrirai point ici pour ce que je ne veux point être dans le cas, si ces lignes viennent un jour à être mises en langue espagnole, de nuire à cette femme charitable, qui peut bien encore être en vie. Je lui conserve grande reconnaissance de ses bontés. C'est d'elle que je tiens de savoir parler son langage, encore que je ne m'en serve point à la perfection. Il suffira que l'on sache que, par amour de moi, elle se fit traîtresse à son pays et à son Roi, me donnant le moyen de passer à l'île Jamaïque où je retrouvai, à grande surprise, le capitaine Roc. Ayant été mené en Espagne il avait, je ne sais comment, trouvé le moyen d'aller de là en Angleterre d'où il revint à l'Amérique.

J'étais pour lors tant altéré de gloire que je repartis avec lui, et fus de la fameuse expédition sur Grenade, laquelle ville est assise sur le lagon de Nicarague.

C'est là que je fus blessé, devant une petite redoute qu'il nous fallut enlever. Nous en étions venus assez près, nous masquant derrière de grosses pierres et rochers qui se trouvaient là. Quand fut venue l'heure de l'assaut, je m'élançai premier. C'est pour lors qu'un de leurs boulets me passa entre les jambes et s'en alla rebondir sur une roche pour revenir m'emporter tout le gras de la fesse gauche. Et il fallut bien cette mauvaise chance pour que je fusse atteint au derrière, car on peut croire que je dis vrai, si je donne ici pour certain que je n'ai jamais montré que mon visage à l'ennemi.

Je chus à plat nez, et, ne me pouvant relever, je dus demeurer là jusqu'à la fin de l'affaire. On me donna alors du secours, et je fus porté à bord sur une litière. Je fus plus d'un mois sans pouvoir marcher et quelques autres à boiter. Après quoi je revins tout aussi bien ingambe que si mon derrière fût demeuré entier.

C'est de là que me vint le sobriquet de Borgnefesse et beaucoup, aux Iles, depuis lors, ne me connurent que sous ce nom.

Durant le temps où je fus tenu immobile par cette estropiade, je lus tous les livres que me prêta Roc. J'appris par eux la façon de se situer sur les mers par la hauteur du soleil, avec le moyen de l'astrolabe, à lire les cartes marines, à connaître les Ordonnances du Roi sur la navigation et autres choses.

Ayant donné auparavant la preuve que j'avais du cœur au ventre, il ne me fut point pour lors difficile, sitôt retrouvé l'usage de mes jambes, d'embarquer comme second Capitaine sur le *Salagrun*, un bateau enlevé aux Espagnols, dont les Flibustiers n'avaient point pris la peine de changer le nom. Il était commandé par un certain Bigourdin, vieil aventurier fort expert à la course, mais qui avait le tort d'être trop confiant, tout lui ayant jusque là réussi, ce qui ne tarda pas à manquer nous coûter bien cher, comme on le va voir.

III

Comment je devins capitaine

C'est entre le cap Saint Thomas et les récifs qu'on appelle Les Grenouilles que nous vîmes un matin un navire qui parut à Bigourdin ne pouvoir être qu'un marchand. Il allait vent en poupe comme pour ranger la bande sud de la grande île Jamaïque. Nous prîmes le largue, bâbord amures, cap au Sud-quart-Sud-Est, tant pour lui donner à croire que nous étions un autre marchand faisant voile vers Carthagène, que venir à lui couper la route et nous placer sur son avant. Mais il allait si bon train que nous vîmes bientôt que cela ne nous serait point aisé. Nous avions mis à notre poupe le pavillon des marchands de Galice, car nous ne doutions point que ce vaisseau ne fût espagnol.

Pour lui pouvoir passer sur son avant, il nous fallut laisser arriver, et ce fut bien peut-être là ce qui nous trahit. Nous en étions venus à leur montrer notre travers, et fort près, et nous apprêtions à les héler au braillard en espagnol pour les tromper, lors que, tout soudain, ils firent tomber les toiles qui masquaient leurs batteries et s'enveloppèrent de fumée. Nous fûmes régalés aussitôt de la plus belle volée d'anges à deux têtes qui se peut recevoir. C'était la première fois que je voyais user de cette cautèle diabolique, et je crois bien que pas un de leurs coups ne se perdit [1].

Avec un fracas que j'ai encore dans l'oreille, notre grand mât, avec toutes ses voiles, s'abattit sur tribord, et notre mât de hune de misaine, n'étant plus soutenu, s'en alla choir sur la poulaine écrasant celui du tourmentin, cela durant que le bateau, qui n'avait plus de portant que la voile d'artimon, virait comme un cibot, malgré les efforts du timonier, montrant par là son avant à l'ennemi, ce qui était bien, pour nous, la position la plus funeste qui se pût voir. C'était justement celle où Bigourdin, se flattait de mettre son adversaire et nous nous trouvions bien empêchés de faire la moindre riposte, nos canons ne regardant plus que la mer.

Nous étions venus nous casser le museau sur un des premiers vaisseaux, déguisés en marchands, mais armés en guerre, que les Espagnols commençaient alors à mettre en mer, pour tromper les Flibustiers et les écraser par le moyen de cette feinte.

Bigourdin était étendu dans son sang, n'ayant plus aucune jambe, ventre crevé et tripes au vent, et, tout à l'entour de moi, le tillac était semé de mes amis, dont les uns n'avaient plus de bras, les autres plus de têtes, sans compter ceux-là qui avaient été écrasés par vergues, poulies, débris de hunes et autres choses lourdes tombées de haut en grand désordre.

Lors que je me voulus bouger, je manquai de choir tant les planches étaient rendues gluantes par le sang qui pissait de partout. Je ne fus pas long à me reprendre,

---

1. On appelait anges à deux têtes, ou boulets ramés, deux boulets attachés par une forte chaîne, envoyés par la même charge. La chaîne se tendait dans les airs, coupait ou brisait tout ce qu'elle rencontrait, et faisait de grands dégâts dans la mâture et les agrès.

et, comme c'était à moi que venait le commandement, je criai dans le braillard :

— Frères de la Côte ! A vos postes ! Et à mes ordres ! Et pas un coup de fusil !

Cela, pour ce que le désarroi commençait de montrer son vilain nez sur notre bord.

Je fus obéi. Dans l'état où nous étions je ne m'en pouvais sortir que par ruse. Je vis que l'ennemi avait mis en panne et je ne voulais attendre qu'il nous poivrât d'une seconde bordée. Je ne balançai pas un long temps sur le parti que j'avais à prendre. Il fallait se rendre, ou, pour le moins, en faire le semblant.

Je dis à un, qui était près de moi et encore debout, d'aller chercher sur-le-champ notre pavillon de poupe, qui était, pour l'heure, comme j'ai dit, celui des marchands de Galice, et de l'aller, comme il le pourrait, agiter à l'avant à seule fin de donner à penser aux ennemis qu'ils s'étaient bien trompés et avaient foudroyé des gens de leur nation. Après quoi j'envoyai un autre quérir vingt de nos gens les plus décidés qu'il rencontrerait valides et les mander près de moi. J'étais dans l'espoir que voyant mon signal et notre détresse, l'Espagnol mit une embarcation à la mer pour, soit nous secourir si nous étions amis, soit recevoir mon épée si le cas était contraire.

Lors que m'eurent joint les vingt aventuriers que j'avais mandés je leur dis qu'ils eussent à prendre des armes blanches pour massacrer à mon signal et sans bruit, tous ceux-là qui monteraient à bord tout à l'heure, après quoi, nous prendrions leurs habits, et irions à bord du vaisseau qu'il nous faudrait emporter par grande surprise et bref assaut.

Ce n'est pas une embarcation, mais deux, qu'ils mirent à flot par leurs palans de basses vergues, ce qui fut long, et nous laissa le loisir de bien préparer l'embuscade.

Ils étaient en chacune barque, une dizaine de soldats et six mariniers aux avirons avec un autre encore à l'avant pour tenir la gaffe. J'eus lieu de craindre que leur méfiance n'éventasse ma ruse lors que je les vis faire un grand cercle à l'entour de nous. Ils crièrent d'abord au braillard, s'enquérant d'où nous étions, d'où nous venions, et où nous allions. Ayant prévu le cas, j'avais mis près de moi un Frère de la Côte, qui était natif de Vianna do Castello, en Portugal, et qui parlait en perfection l'espagnol. Je lui fis répondre que nous étions marchands de Vigo, allant de la dite ville à Carthagène des Indes, et que cela était aussi vrai qu'ils étaient, eux, criminels et vilains bouchers, pour avoir massacré gens de leur nation et qu'ils seraient tous damnés pour tel crime qu'on n'avait jamais vu depuis qu'il y a navires sur la mer et pauvres mariniers à bouliner sur les flots. Ce discours les consterna. Ils demandèrent le Maître du bateau, et mon Portugais leur dit qu'il était mort, ce en quoi il ne mentait point, que le seul Officier qui survivait, à sa connaissance, n'avait plus ses esprits, ayant eu le ventre écrasé par une caliorne chue du grand mât, et qu'il ne savait où pouvait être le troisième, peut-être aplati et crevé à mort sous quelques fatras de débris, et, disant tout cela, comme bon comédien qu'il était, il avait larmes dans la voix, et ton bien geigneux et plaintif, et il dit encore qu'ils auraient bien agi d'amener avec eux le prêtre afin de confesser et réconforter en Dieu tous ces bons Chrétiens et Catholiques romains qui, par leur faute, étaient présentement en voie de trépasser, et dire la prière pour ceux qui l'avaient déjà fait.

Tout cela, joint sans doute à ce qu'ils étaient sous la

poupe, qu'ils ne pouvaient manquer de reconnaître pour être celle d'un navire d'Espagne, comme l'était bien le *Salagrun*, fit qu'ils s'amadouèrent. Par chance, notre tribord étant tout embarrassé des débris de notre gréement, il fallut bien qu'il nous accostassent par notre bâbord, c'est-à-dire du côté où les gens de leur vaisseau ne les pouvaient voir. Ils commencèrent à monter l'un derrière l'autre, comme il se comprend. Mon Portugais les attendait en haut de l'échelle, les flouant toujours de ses jérémiades.

Ce fut l'Officier qui les commandait et avait parlé au braillard qui se présenta premier sur notre tillac. A peine y fut-il, que je le vis frappé, au bon endroit, d'un couteau lancé de loin, sans qu'il put souffler mot ni bouche ouvrir. Et il ne tomba même point, sitôt saisi par quatre mains et jeté de côté avec un bâillon sur la bouche pour le cas où il ne fut pas tout à fait mort. Le premier soldat qui le suivit fut servi de même et aussi le troisième. J'en comptai onze qui eurent ce même sort.

On sera peut-être surpris que ces gens se soient ainsi faits massacrer si gentiment l'un après l'autre et à la queue leu leu. On le comprendra lors que j'aurai dit que ces soldats grecs sont, pour l'ordinaire, individus plus bornés que moutons ou baudets, et, lors qu'on les a privés de leurs Officiers, assez sots pour tomber dans tous les panneaux [1].

1. L'Espagne, alors engagée dans des guerres longues et sanglantes sur le continent, où se couvrait de gloire la fameuse infanterie espagnole, entretenait en garnison, dans ses lointaines possessions d'Amérique, des troupes de mercenaires composées, pour la plupart, de Levantins, que les Espagnols appelaient « Grecos » ou Grecs. Les officiers seuls étaient espagnols. Ces troupes étaient amollies par le climat, mal entraînées, et aucun idéal ne les soutenait. On peut dire,

Ne fut gardé vivant, bâillonné prestement et bien ficelé, que le dernier, et cela pour servir d'appeau et faire monter ceux de la seconde embarcation. Ils me l'amenèrent et je lui fis espérer qu'il aurait la vie sauve s'il obéissait, sans malice ni feinte, à mes ordres. Je lui commandai d'aller à l'échelle et dire à ses compagnons que leur Officier les mandait, à fin de porter prompt secours à tous les malheureux de leur nation qui se mouraient et tant souffraient par leur funeste méprise. Ce jean-foutre craignait tant la mort, qu'il promit de faire tout ce qu'on voulut. L'ayant délié, il fut conduit sur le bord par mon Portugais et, pendant qu'il fit le beau discours que je lui avais dicté, ce Portugais, tout en faisant feinte d'être avec lui comme ami, lui piquait le dos avec son couteau, prêt à le dépêcher sur-le-champ s'il eût eu velléité de nous trahir. Mais ce ne fut point le cas. Les autres se prirent à cette fable comme alouettes à un miroir, et accostèrent et montèrent, et furent égorgés un à un, comme j'ai dit des premiers.

Après quoi il restait encore sept mariniers dans chacune des barques pour les garder et tenir accostées, et dont il fallait aussi se défaire, ce qui ne fut guère long. Sept aventuriers se laissèrent tomber soudainement dans chacune des embarcations et chacun sur son homme. N'ayant en mains que leurs avirons, ils ne purent faire grande défense.

Tout étant terminé pour le mieux, il ne nous restait qu'à nous déguiser. Je troquai mes habits avec ceux de l'Officier espagnol. Ils étaient bien un petit peu étriqués, mais, pour lors, je n'avais point la moitié de la corpulence que j'ai acquise par la suite, en sorte que je

---

sans diminuer la valeur et le courage des flibustiers, que cela explique en partie leurs extraordinaires et invraisemblables succès.

pus entrer, aussi bien que mal, dans la culotte et dans le justaucorps de ce foutriquet. Pour le reste de mon monde, cela alla au mieux, pour ce qu'on avait le choix, et chacun s'arrangea comme il put. Lors que nous nous vîmes si bien attifés, nous eûmes bien grosse envie de rire, encore que le décor n'y portât point, et que les plaintes qui ne cessaient de venir de partout sur le bateau n'engageassent point à la gaieté. Mais il fallait remettre à plus tard de secourir ces pauvres gens, le plus dur restant à faire, à savoir : enlever prestement le vaisseau par surprise et courage, ce qui pouvait bien paraître entreprise insensée. Je pris le temps de donner à tous ceux qui venaient avec moi, au nombre de quarante-huit, larges bolées de guildive [1]. Je n'étais point trop pressé pour ce que le soir venait et ne me pouvait qu'aider. Je voulais qu'ils ne pussent connaître nos visages que lors qu'il serait trop tard et j'attendis après le soleil couché pour descendre dans les canots et déborder.

Nous étions plus grand nombre que ceux-là qui étaient venus dedans, mais je désirais que nous fussions le plus nombreux possible, et je fis le semblant d'amener avec moi les plus mal arrangés. Ces faux estropiés s'étaient entouré la tête ou les membres de linges et bandages barbouillés de sang, et, couchés au fond des barques, ils me servirent aussi à cacher dessous eux, les armes et caisses de grenades qu'il me fallait bien porter.

Nous voyant approcher, les Espagnols, qui étaient nombreux au haut de l'échelle, nous crièrent :

— *Quien ?*

Mon Portugais se révéla, ce jour-là, être fort bon comédien, tant bien qu'il eut pu, je crois, faire bonne

1. Guildive : ancien mot français pour désigner le rhum.

figure sur le théâtre de Bourgogne réputé alors pour être le meilleur de Paris. Il répondit avec grand geste de malheur et pitoyable voix, que c'était bien terrible méprise, que l'on avait fracassé et massacré de pauvres mariniers de Galice, que l'on portait les plus moribonds au chirurgien et qu'on venait aussi quérir le Padre, dont il y avait là-bas le plus grand besoin. On ouït pour réponse grosse rumeur de regrets et lamentations. Nous accostâmes l'échelle et je montai premier, ayant soin de tenir la tête baissée et bien cachée par le chapeau, comme un quelqu'un qui est accablé par la consternation la plus vive. Mais on peut croire que je montai les derniers échelons comme un éclair, et, ne laissant à aucun le temps de me connaître ni se reconnaître, je lâchai, quasi à bout touchant, les deux coups de mes pistolets dans le nez de chacun des deux Officiers que je pensai être les plus élevés en grade. Plus vif encore que ma poudre je tirai en suite l'épée et en lardai de droite et de gauche tant que je pus, avant qu'ils tirassent les leurs du fourreau, et, par là, j'en étendis, en moins que rien, une demi-douzaine.

Mes gens me rejoignaient à présent, arrivant par grosses grappes, s'aidant des précintes et des cadènes. De tous côtés les ennemis s'enfuyaient, s'étant laissé prendre sans armes et couraient en chercher. Ceux qui en avaient, ayant trouvé le temps de dégainer, commençaient à tenir tête avec quelque opiniâtreté et valeur certaine. Un, s'élança sur moi avec un grand sabre, mais je parai son coup et l'embrochai proprement, après quoi je pris son arme que je mis à mon poing gauche, et, de cela, j'eus à me louer bientôt, comme on le va voir.

S'étant ralliés en nombre imposant, ils nous chargèrent et rompirent notre troupe que j'eusse voulu tenir réunie. Il s'en suivit belle mêlée, où chacun œuvra pour soi, sans le pouvoir occuper du voisin. Je fus un temps seul avec trois après moi, deux avec l'épée et le dernier avec le sabre. C'est pour lors que l'on vit le fruit des belles leçons que m'avait donné jadis mon bon Maître d'armes de Dieppe. Je parai tous leurs coups, et leur en mis dans la tripe à tous les trois. J'en étais tout juste dégagé que je me vis avec sept sur les bras, qui m'assaillaient de tous côtés, armés de piques, haches et sabres. A mesure que j'en couchais un, deux autres accouraient, en sorte qu'ils furent bientôt plus d'une douzaine à me presser. M'étant défait d'un qui m'approchait trop près, par un grand coup de pied que je lui lançai dans les génitoires et, un autre, qui était tombé et me voulait larder par-dessous de son couteau, l'ayant fait tenir tranquille avec mon talon dont je lui écrasai le nez, on peut bien dire que je combattis des quatre membres, et sans outrecuidance aucune, j'avance que, ce faisant, je suis, à proprement parler, invulnérable et invincible. Il n'est pas jusqu'aux balles des pistolets et des mousquets que je ne sus, ce jour-là, écarter de moi par les moulinets de mon sabre.

Voyant à qui ils avaient affaire, tous ces bougres commencèrent à devenir prudents et à me donner du large. Aussitôt je les chargeai, ce qui les fit enfuir comme volée de moineaux. Seul, demeura un grand diable qui levait une grosse hache et pensait m'en fendre la tête en deux moitiés, mais, auparavant, il fut cloué par moi à un râtelier de chevillots et j'eus quelque mal à dégager mon épée, ce que je ne pus faire qu'en faisant coup avec mon pied sur son ventre. C'est pour lors, sans doute, que je reçus dans l'épaule gauche un petit coup de pointe dont je ne perçus la douleur qu'après le combat. Il me vint, je crois, d'un Officier qui fut celui qui me donna le plus de mal de toute cette fête. Je ferraillai contre lui de belle manière, et j'en étais à redouter d'en avoir seulement deux comme lui devant moi, que ce bretteur fut rejoint par un de ses compères qui commença, en guise de salut, par me lâcher les deux coups de ses pistolets dans le visage. Ils me manquèrent de bien peu, car les balles m'enlevèrent le chapeau. Je ne fus pas long à voir que l'homme était plus expert à manier l'épée que l'arme à feu, et je ne tardai pas à me trouver mal à mon aise avec ces deux drôles. N'eût été ma valeur et ma fermeté d'âme, je n'en fusse point sorti. C'est là que Pulvérin, mon bon frère et matelot, qui devint par la suite mon second Capitaine, me sauva la mise en arrivant par derrière eux, un sabre au poing droit et une hache au poing gauche. Il ouvrit, à l'un, les épaules, et à l'autre tout le derrière de la tête, et, par là, me défit de ces héros qui s'étaient mis à deux contre un.

Prenant quelque temps pour souffler, nous vîmes que nos hommes s'étaient ralliés, et étaient déjà quasi maîtres du tillac entre le grand mât et celui de misaine, mais que, par derrière les balustres du gaillard, un gros parti de soldats, embusqués là, par un bas officier plein de malice, s'apprêtait à nous envoyer décharge meurtrière de leurs mousquets. Il n'était point l'heure de balancer, il nous fallait balayer tout ce monde. Je m'allais élancer lors que leur feu éclata. Mais ils s'étaient trop pressés, et leurs balles mal ajustées, nous passèrent au-dessus des oreilles. Nous partîmes à l'assaut. A l'échelle de tribord je me vis contraint d'embrocher à la suite plusieurs piquiers qui me prétendirent arrêter avec leurs armes, que je ne crains guère ; il me suffit d'en parer le coup avec mon sabre de la main gauche, de tenir par lui la lance en bas et j'ai tout loisir de piquer où je veux le lancier avec l'épée, et l'envoyer bien gentiment, à Dieu ou au Diable, ce que je ne manquai pas de faire cinq ou six fois d'affilée, après quoi les autres, redoutant ce destin, me firent le passage, et je pus gagner le haut tillac où, sous l'artimon, je fis beau carnage.

Nous combattions un contre dix. La nuit venait et on reconnaissait difficilement les siens, d'autant que nos habits à l'espagnole prêtaient à la confusion. Plusieurs, me pensant Officier de leur Roi, m'appelèrent à leur aide, ce qui me donna toute l'aisance désirable pour, en guise de secours, les immoler sans surseoir. Ce que voyant, ils commencèrent à se défier les uns des autres et à se donner entre eux du sabre, de la hache, ou de la pique, dans le ventre ou ailleurs, ce qui n'est point de coutume et bonne courtoisie entre amis. Ils criaient comme démons pour se faire reconnaître, s'appelant par leurs noms, en sorte que je savais si le bougre que je lardais se nommait Pedro, Pépé, ou Juanito. Nous avions moins de risque sur ce point, nous connaissant tous de longue date et beaucoup portant gros anneaux d'or aux oreilles, ce qui nous faisait marque bien distinctive et bien connaissable. Je crois bien que je ne fis erreur qu'une seule fois. Eux, Espagnols, hésitaient avant que de frapper, nous laissant le loisir de le faire les premiers, ce qui, comme on sait, est gros avantage à la guerre. Un petit jeune homme, trompé sans doute par mon habit, cria, me voyant approcher :

— *Quérido padre ! No me mata !*

Et il n'y eut point de difficulté pour moi à lui montrer, de mon épée, qu'il se méprenait en me croyant son père.

Ce ne fut bientôt plus que massacre, et c'était, pour un qui n'a point le cœur trop endurci, à en avoir quelque dégoût. Enfin, ce qui restait se laissa tomber dans la batterie basse. J'ai dit que j'avais porté des grenades. Nous leur en fîmes péter quelques-unes dans les jambes. Ils criaient bien fort *Merced!* mais nous leur en envoyâmes encore plusieurs, à seule fin de les assagir tout à fait.

Pourtant il fallut bien s'arrêter.

Je fis promptement barrer et clouer toutes les écoutilles à fin de bien enfermer tous ces ouistitis, et nous nous réjouîmes tous bien grandement d'avoir gagné une partie si mal commencée. C'est pour lors seulement que Pulvérin vit que ma main gauche était toute engluée du sang qui coulait par ma manche, et je sentis que j'avais l'épaule endolorie, mais comme le bras et tous les doigts de la main fonctionnaient à la normale, je ne m'en inquiétai guère. C'est en ce même temps que Pulvérin fut mis en joie en voyant que mes habits, qui étaient, comme je l'ai dit, un peu étroits, avaient éclaté de tous côtés en la véhémence du combat, et que, même, la culotte ayant fait comme le reste, j'étais offensant pour la décence, ce qui, au demeurant, n'était point d'importance, n'y ayant point de dames avec nous.

Il faisait grand soif et grand faim, mais je ne m'avisai point d'aller quérir des vivres et du liquide dans les magasins, les bougres étaient encore trop nombreux en bas, et nouvelle bataille en pouvait résulter pour peu qu'ils se fussent ressaisis. Je me contentai pour le tout de faire ouvrir les portes qui allaient aux logements et à la grande chambre où nous cherchâmes d'abord quelque lanterne. En ayant trouvé une et l'ayant allumée au briquet, nous visitâmes les lieux qui étaient déserts et n'y trouvâmes que quelques biscuits et confitures avec quatre flacons d'eau-de-vie dont nous nous régalâmes sur-le-champ.

Il ne nous était point possible d'aller jusqu'au *Salagrun* pour ce que j'avais donné ordre, lors que nous montâmes à l'assaut, n'ayant point trop de tout mon monde, que nul ne demeurât dans les embarcations, et de ne point perdre de temps à les amarrer. Cela faisant, je savais bien qu'elles partiraient en dérive, ayant voulu, par-là, mettre mes gens dans la nécessité de vaincre ou de périr.

Je fis tenir le vaisseau en panne, dans l'attente du lever du jour. Lors qu'il fût venu, je vis que le *Salagrun*, toujours désemparé, s'était fort écarté de nous, ainsi que les deux embarcations. Nous fîmes servir le vent dans les voiles et allâmes premièrement quérir ces deux chaloupes, après quoi ayant mis au grand mât le pavillon de la Flibuste que j'avais eu la précaution d'emporter avec moi roulé sous ma ceinture, nous approchâmes le *Salagrun*. On peut penser la joie qu'eurent tous ceux-là qui y étaient demeurés lors qu'ils reconnurent notre Enseigne. En étant venu proche, je les vis danser et jeter en l'air bonnets et chapeaux. Je me fis conduire seul sur le *Salagrun* avec seulement quatre hommes aux avirons, laissant les autres sur le vaisseau comme équipage de prise, avec Pulvérin pour chef. Ils avaient d'abord à s'occuper de jeter les morts à la mer, avec grande défense de descendre dans la batterie, sauf au cas d'incendie. Mon dessein était de laisser tous ces singes croupir là, pour ne les en tirer qu'une fois ayant mouillé l'ancre à la Tortue où je me voulais rendre, n'étant point fâché que l'on m'y vit revenir tout couvert de vraie gloire, après l'avoir quittée aussi petitement que je l'ai conté en son temps.

Je pris le parti de faire passer tout mon monde sur le vaisseau espagnol, qui se nommait la *Santa Clara*, et de saborder le *Salagrun*, qui était hors d'état de se traîner sur les flots, puis je fis voile vers la Tortue, où nous laissâmes tomber nos ancres après trois jours d'un voyage sans aventure.

Nos voiles n'étaient point encore ferlées que nous nous vîmes entourés d'une nuée d'embarcations emplies de toutes les sortes de gens, fort impatients de savoir ce qu'était ce beau vaisseau qui venait pour la première fois sur leur rade et que beaucoup pensaient être un navire du Roi.

Ayant appris qu'un bâtiment conquis sur l'Espagnol venait de mouiller l'ancre sous le fort de La Roche, Monsieur d'Ogeron, qui était pour lors Gouverneur pour le Roi et ces Messieurs de la Compagnie des Indes Occidentales, de la Tortue et côte Saint-Domingue, ne tarda pas à venir à bord. Je l'y reçus le plus joliment que je le pus, faisant tonner le canon durant qu'il montait l'échelle. M'étant nommé comme étant le Capitaine, il me fit, ainsi que les personnes de qualité qui l'accompagnaient, mille embrassements et civilités. Après que je les eus conduits dans la grande chambre et que j'eus empli pour eux grands pots de punch ou de bon vin d'Espagne, je leur dus conter par le menu mon très glorieux fait d'armes, d'où leur amitié pour moi redoubla et ils m'embrassèrent derechef. Me voyant si bien en cour auprès de Monsieur le Gouverneur, je me hasardai à lui demander ce qui était advenu du sieur Piédouille. A la vérité, j'avais quelque crainte que ce fesse-mathieu ne me fît quelque difficulté avec ces Messieurs de la Compagnie et me demandât dédommagement pour m'être enfui de chez lui bien avant que d'avoir terminé les trois années de mon engagement. Mais à l'Amérique, celui-là qui est dans les bonnes grâces de Monsieur le Gouverneur ne craint rien, et je m'y voyais déjà. Je fus rassuré lors qu'il m'apprit que le dit sieur Piédouille était trépassé ayant été assez gentiment expédié par un de ses engagés.

Je laissai au Gouverneur du Fort qui était pour lors Monsieur de Curbezac, le soin des prisonniers qui croupissaient en la batterie. Ils n'en sortirent que peu fatigués, pour ce qu'ils avaient pu user de leurs vivres et de leur vin à discrétion. On en compta cent quarante huit. Je sus plus tard que la plupart furent par la suite, échangés avec des nôtres. Pour le Padre, on le laissa gagner comme il put, la ville espagnole de San Domingo. Quant au butin, on ne sortit pas grand chose de ce bateau, hormis beaucoup de poudre et de boulets. Nous n'eûmes à partager que cent cinquante pièces de huit en or qui étaient dans le coffre, et quelques effets, mais dont certains étaient bien beaux. Je fis, sur-le-champ, mon bon frère et matelot Pulvérin, second Capitaine et, lui laissant le soin de pourvoir à toutes choses sur le bateau, je fus à terre dans l'embarcation même de Monsieur le Gouverneur et avec lui.

On peut croire que j'y fus reçu de la plus flatteuse et glorieuse manière. Tout ce que la Tortue peut tenir d'habitants, aventuriers, Frères de la Côte et gentilshommes de fortune était à la rive lors que j'y débarquai dans un grand concert d'acclamations, et il y en eut même qui déchargèrent leurs fusils en l'air pour m'honorer. Quoique ayant encore mon bras gauche à l'écharpe pour ce que mon égratignure n'avait point fini de se fermer, j'avais revêtu le plus beau pourpoint que j'avais trouvé en la gabane du Capitaine espagnol. Il était de satin brodé d'or et sans doute destiné pour quelque Gouverneur de la Nouvelle Espagne.

Mettant pied à terre en cet équipage, je ne me pus empêcher de songer à la nuit où, quelques ans auparavant, j'avais, là même, dérobé un méchant esquif pour m'enfuir avec Bournizot. On conviendra que, depuis lors, j'avais fait du chemin.

Je fus invité à souper, en sa belle demeure, par Monsieur d'Ogeron, en compagnie des personnages de la plus haute volée qui étaient pour lors à la Tortue.

Tous les mets furent de qualité et les vins à discrétion, mais j'eus la sagesse de n'en user qu'avec modération. Nous eûmes, pour ce souper, qui fut tout à la française, trois langues de bœuf avec un gros jambon pour attendre la soupe. Elle fut de mouton avec une poule dessus. Vinrent en suite deux pièces de four, d'abatis et de tripes de cochon de lait, après quoi les cochons de lait accompagnés de douze poulets à la broche et de dix en fricassée. Pour le dessert deux pâtés de canard dans une salade de casse pierre avec divers fromages et, pour la fin, des fruits crus et cuits, et des confitures en abondance.

C'est lors qu'on en était aux poulets en fricassée que Monsieur d'Ogeron me conta comment avait fini Piédouille. Il égaya d'abord l'assemblée, disant que, quoique étant peut-être l'homme le plus riche de l'île, le dit Piédouille en était venu à être tant avaricieux que, lors qu'on allait chez lui de nuit, on le trouvait toujours dans la ténèbre, pour ce qu'il pouvait par là, faire double économie. Non seulement il ne brûlait point de chandelle, mais étant dans le noir, il lui était possible, sans offenser la décence, de se tenir assis le cul nu sur son escabeau, évitant ainsi d'user le fond de sa culotte.

Mais venons-en à sa fin. Monsieur d'Ogeron m'apprit qu'il avait eu, parmi ses engagés, un nommé Gastarria qui était du Roussillon et qui avait le naturel opiniâtre et rancuneux. Ayant subi chez Piédouille bien mauvais et dur traitement, il avait voué à ce tyran une détestation des plus farouches, et juré, par le Christ, de s'en venger. Une fois son temps fini, il s'était, comme tant d'autres, fait flibustier, mais sans avaler pour cela sa rancune, et il nourrissait toujours le dessein d'envoyer Piédouille s'arranger avec Satan. Et voici comment il s'y prit. Un jour, revenu à la Tortue il guetta son bourreau comme fait chat d'une souris, et la première fois qu'il le vit seul en une de ses plantations de tabac où il était venu voir si les pieds ne souffraient point trop de la canicule, il sauta sur lui, le renversa aisément, car l'homme était chétif, lui mit son couteau sur la gorge et son genou sur l'estomac. Ce ayant fait, il lui dit qu'il le tuerait sur l'heure s'il ne blasphémait le nom de la très Sainte Vierge Marie et de son fils Jésus. Piédouille se fit bien un petit peu prier, mais comme il était couard et qu'il sentait le couteau lui piquer la peau du cou, il se résolut à bien vouloir dire que la Vierge n'était que putain et son fils voleur et maquereau. Gastarria le contraignit à répéter plusieurs fois ces paroles, et quand il les eut bien entendues, en lieu que de l'épargner comme il l'avait promis, il l'égorgea comme un porc.

Il se prétendait, par là, bien certain, l'ayant mis auparavant que de le tuer, en état de gros péché mortel, d'avoir envoyé le vilain bougre tout droit à l'Enfer, où il ne peut manquer de rôtir présentement et sans fin dans les flammes éternelles.

Le Révérend Père Canteloube, qui était présent à ce souper, ayant été interrogé par quelques-uns sur cet exploit, mit en doute que, ce faisant, Gastarria eût agi en chrétien. Encore que moins savant que lui sur ce chapitre, je ne fus point de son avis. Je crois en outre, pour en finir, que ce ne put changer grand'chose, Piédouille ayant été tant vilainement cruel, avare et méchant, tout au long de sa vie, qu'il n'est point croyable qu'il ait pu aller ailleurs que chez Satan, avec ou sans cette précaution. Et je dis encore que, lors que j'y serai, si je le rencontre au Paradis, je verrai là injustice si répugnante, que j'en partirai sur-le-champ. Et cela réjouit bien fort le Père Canteloube.

La conversation changeant de sujet, Monsieur d'Ogeron me dit qu'il ferait connaître mon exploit à la Cour. J'attendis dès lors, que le Roi, une fois instruit de ma valeur, me fit tenir quelque témoignage de son estime, mais je ne vis jamais rien venir. Versailles est loin des Amériques. La cause en est peut-être aussi que, lors que, quelques années plus tard, Monsieur d'Ogeron passa en France pour aller entretenir le Roi de ses projets qui étaient d'enlever aux Espagnols toute la grande île Saint-Domingue, il n'eut pas le temps de lui parler de moi, pour ce qu'étant en séjour à Paris, il y fut emporté, tout de go, par une grosse colique du Miserere.

Avant la mi-nuit, je pris, comme il se devait, congé de Monsieur le Gouverneur et de ses invités et je fus joindre mes amis à l'auberge du *Rat qui pète*, celle-là qui fut détruite l'année d'après par un incendie et rebâtie beaucoup plus belle depuis lors. Là, je me dédommageai de la retenue sur le boire à quoi je m'étais cru obligé tant que je me trouvais en belle et haute compagnie. Je me lavai bien la gorge et m'abreuvai à ma soif. Et les jours qui suivirent, je ne me reposai point souvent de la nuit, faisant belle ripaille et noce, fêté et régalé par tout un chacun. De toutes part on m'appelait Capitaine, ce dont je tirai juste orgueil, et je régalai à mon tour maints Frères de la Côte et bons aventuriers de mes amis, et je peux dire que je coulai là quelques-unes des semaines les plus belles de ma vie.

Point n'ai-je le vice d'aimer le jeu, qui est le plus

commun aux gentilhommes de fortune, mais seulement la bonne chère et les bons vins. Cela suffit, pour que je me visse bientôt force dettes sur les bras. Ce pourquoi il me fallut songer à repartir en course à fin de rétablir mes affaires aux dépens de l'Espagnol, et pouvoir, au retour, m'honnêtement acquitter auprès des gargotiers du lieu qui avaient, pour lors, grosses créances sur moi.

Il se dit en France que pierre qui roule n'amasse point mousse. C'est le contraire qui est vrai à l'Amérique. La fortune est sur la mer, où il faut savoir l'aller quérir.

IV

Comment je m'emparai sans coup férir, d'un beau brigantin espagnol, et pourquoi je le baptisai « le Jovial-Tiburon »

Pour épargner les chastes oreilles qui pourront être amenées à me lire, je ne parlerai que peu d'un vice fort commun parmi les gentilshommes de fortune. Nonobstant que le grand Aristote l'ait approuvé, et que l'empereur Néron l'ait honoré publiquement, il demeure péché monstrueux et le Seigneur Dieu ne manquera point de faire pleuvoir sur les pourceaux qui s'y adonnent, charbon, feu, soufre et foudre du ciel, selon la proportion de leur infâme lubricité.

Cependant, à la décharge de ceux-là qui le font à l'Amérique, je dois dire ici qu'ils y furent dès l'abord portés pour ce qu'il n'y avait pour lors qu'une seule femme dans la Flibuste, qui faisait la course avec Joseph le Malouin, dont elle était la putain, encore que n'étant guère mieux qu'un garçon sans génitoires. Tout un chacun sait par lui-même, qu'il n'est aucun, parmi les humains, qui n'ait été, quelques fois en sa vie, travaillé de l'appétit amoureux. Mais la façon de s'enflammer est diverse, et bien damnable lors qu'elle s'exerce au rebours de la nature.

J'eus à me défendre contre les entreprises des plus luxurieux d'entre ces gens. Nul n'ignorait, à la Tortue, ce pourtant, l'accident qui m'avait réduit de moitié du côté qui les intéressait, mais, tant dépravés ils étaient, qu'ils ne voulaient voir là que piquante singularité. Cependant, ce n'était plus comme au temps de Vert-de-gris, et j'étais, pour lors, en état de défendre avec mon épée, ce que j'avais de reste. J'eus, sur ce propos, deux duels, où j'envoyai ces forcenés s'arranger avec le Diable, s'ils le pouvaient trouver complaisant à cette tant ignoble et incongrue paillardise.

Pour dire le vrai, ce fut autant pour échapper à ce genre de danger, que pour remettre en état mes affaires, que je vendis cinq cents écus en escudins la *Santa Clara* à ces Messieurs de la Compagnie. C'était un trop gros vaisseau pour la course, et, avec l'argent qu'ils me voulurent bien avancer sur ce marché, je me pourvus d'une barque assez vieille et un peu pourrie, mais que je n'ai point payée trop cher. Elle était d'Espagne, et n'avait que trente deux pieds de l'étrave à l'étambot. Cette sorte de bâtiment, étant de chétive et modeste apparence, passe assez bien inaperçue et permet d'approcher les marchands sans qu'ils y prennent trop garde.

On peut bien croire que j'eusse préféré un bon brigantin, mais toutes choses demandent à être commencées par le début, et celui qui a un couteau, s'il s'en sait servir, se peut procurer une épée, et celui qui a une épée se peut procurer des canons, pourvu qu'il ait aussi hardiesse et courage.

Je quittai donc la Tortue sur cette méchante barque avec quarante deux aventuriers de belle trempe, et nous y étions bien entassés et serrés, mais tous animés de l'espoir d'être bientôt mieux montés.

C'est après avoir, durant trois semaines, fait croisière tout au long de la bande sud de la grande terre de Couve[1], et souffert de grandes privations, que nous vîmes un soir le gibier que nous cherchions. C'était un bien beau brigantin qui paraissait tout neuf et qui avait mouillé son ancre à petite distance du rivage pour y attendre le vent. Ayant fait border les avirons et caché la plus grosse part de mon monde, nous en fûmes bientôt assez près pour que le Portugais, que j'avais pris à mon bord parce qu'il parlait, comme j'ai dit, l'espagnol à la perfection, les put héler pour leur demander s'ils voulaient du poisson ou quelques régimes de figues longues[2] dont il leur dit que nous étions chargés. Je jugeai bien qu'ils verraient là l'aubaine de pouvoir varier quelque peu leur nourriture, et leur Capitaine étant venu sur le bord, nous fit le signe d'accoster.

Ce qu'ayant fait, nous ne fûmes pas longs à sauter tous à la fois sur leur tillac, bien armés de sabres, piques et haches, et moi de mon épée, et la demi-douzaine de ces pauvres drilles qui étaient là, tout heureux de voir arriver vivres fraîches, fut prestement maîtrisée. Il n'y eut point coup de feu tiré, ni égratignure d'aucune sorte, car ils ne firent aucune difficulté, sinon quelques cris, pour se laisser bien ficeler coudes au dos et deux par deux. Prévenus par leurs clameurs, ceux qui étaient dans le bâtiment et qui savaient se soutenir sur l'eau, se mirent en devoir de sauter dans la mer par les sabords et brasser vers le rivage. Cela n'était point de mon goût pour ce que je ne me souciais point qu'ils allassent porter l'alarme dans l'île et, par là, nous donner le risque que les Espagnols fissent sortir bientôt un ou

1. Couve : île de Cuba.
2. Figues longues : bananes.

plusieurs bâtiments bien armés, pour nous chercher, pourchasser et réduire. Mieux était que tout demeurât inconnu et inaperçu et ne fût point su, de sitôt, des gens de la grande île, ce pourquoi je donnai ordre qu'on leur coulât quelques plombs avec les fusils. Mais, aussi adroits que soient les Frères de la Côte à cet exercice, une tête d'homme n'est point un gros but à viser sur la mer, et, malgré l'habileté à ce jeu de Pulvérin et de quelques autres, il y en eut qui pensèrent échapper, d'autant que certains eurent assez d'astuce pour s'en aller nager sous les eaux, ne revenant dessus, que seulement le temps qu'il leur fallait pour reprendre haleine et pas assez pour qu'on les pût commodément ajuster. J'étais bien contristé de les voir s'éloigner et approcher de la rive où certains touchaient presque, quant il nous vint une aide que nous n'attendions point. C'étaient quelques tiburons qui leur coupèrent la retraite tout aussi bien que bras et jambes. Je fis sur-le-champ cesser la mousqueterie pour ne point gêner ou effrayer ces alliés d'un nouveau genre et on n'ouït plus que quelques grandes clameurs, en vérité bien déchirantes pour un cœur porté à la pitié comme a toujours été le mien. Mais elles ne durèrent point un long temps, et il n'y eut bientôt plus que le grand silence qui règne toujours sur la nature, lorsqu'elle est déserte et sauvage, et à la tombée du soir.

Les tiburons, mis en goût par ce bon dîner, vinrent pour lors s'ébattre tout auprès des bateaux, comme dans l'espérance qu'il y aurait des reliefs à ce festin. Mais je ne pus les contenter, pour ce qu'il n'eût pas été chrétien de leur jeter en pâture les prisonniers que nous avions faits.

Peu après que la nuit fut venue, un bon vent de terre se leva. Je fis établir toutes les voiles et nous gagnâmes le large, cinglant vers les îles Jardines, avec notre barque en ouache. Nous étions bien fort heureux de nous être procuré à si bon compte un joli navire, bien apte à faire la flibuste, avec voiles neuves, doubles étais partout, percé pour huit pièces de canon, encore qu'il n'en portât aucune.

Quelques tiburons nous suivirent un long temps. La lune était haute et éclairait si bien la mer qu'on voyait au mieux leurs épines de dos qui venaient parfois jusqu'à frôler notre coque. Avec la victuaille et le vin que nous trouvâmes sur ce bateau, nous fîmes un large souper qui fut le bienvenu, pour ce que nous faisions, depuis quelques jours, grand carême. On peut penser que nous nous réjouîmes largement et la panse et la rate.

Notre Portugais, qui avait une guitare dont il ne se séparait jamais, et qu'il ne touchait pas trop mal, se mit en devoir de nous régaler d'harmonie. C'est pour lors que nous vîmes que tous les tiburons nous avaient quittés, hormis un seul. Il semblait être mis en gaieté par la musique, et faisait de grands sauts hors de la mer, comme je n'en ai jamais vu faire, depuis lors, à aucun requiem qui fût au monde. Il paraissait vouloir profiter des mélodieux accords de la guitare pour danser le boléro ou la tarentelle, et il était tout brillant, comme argent sous la lune.

J'étais si bien mis en joie par la quantité de vin que j'avais prise pour fêter comme il le fallait mon nouvel exploit, que je m'amusai à donner un nom à ce bon ami que nous avait si bien aidé, et le baptisai Adhémar, du nom de mon saint patron, prédicateur de la première Croisade. Et comme il eût pu venir à se froisser, s'il eût vu qu'il était le seul à baller, nous nous mîmes à le faire par civilité et pour lui tenir compagnie. Mais, n'étant point sur le plancher des bœufs, joint à ce que la tête nous tournait un petit peu, il y eut force chutes qui servirent à augmenter la gaieté. Il y eut un ivrogne qui alla même jusqu'à se déboîter le bras, étant allé donner de l'épaule sur le cabestan.

Adhémar, qui ne courait point les mêmes risques, nous suivit en dansant jusqu'à l'aube.

C'est lors qu'il nous quitta, peu avant que le soleil parût, et s'éloignant vers le Nord, que, lui disant adieu avec grands saluts du chapeau, il me vint à l'idée, par sentiment de gratitude, de baptiser, en souvenir de cet ami, mon nouveau bâtiment le *Jovial-Tiburon*, et tous mes gens, sur-le-champ, s'enflammèrent et s'écrièrent :

— Vive Borgnefesse et son *Jovial-Tiburon !*

Il n'y eut que ceux que j'avais laissés dans la barque pour la gouverner que l'on n'entendit point, pour ce qu'ayant bu tout entier le quartaut de vin que je leur avais laissé, ils étaient hors d'état de rien faire d'autre que le cuver, si bien que la barque faisait grandes embardées dans notre ouache et, comme la mer se creusait un peu, elle paraissait vouloir remplacer Adhémar en dansant sur notre derrière [1].

---

1. Les requins ne sautent jamais hors de l'eau. Il est probable que le capitaine Borgnefesse, en état plus ou moins grand d'ébriété, a pris, cette nuit-là, quelque dauphin isolé pour un requin.

V

De la manière dont un capitaine espagnol me rendit son épée

C'est vers ce temps, qu'ayant fait armer le *Jovial-Tiburon* de huit bonnes pièces de canon de six livres de balle, j'enlevai aux Espagnols quatre pataches et deux grosses hourques bien chargées de cochenille, indigo, sucre, bois de Campêche et d'ailleurs, vin, tabac, ballots d'indienne et autres toiles tant de lin que de chanvre, sans compter plusieurs centaines de pièces monnayées d'or ou d'argent à l'effigie des Rois très Chrétiens. Tout cela nous fit assez riches par la cargaison que nous vendîmes à Léogane et au Petit Goave. Et je n'y perdis aucun homme, si ce n'est par maladie ou accident de manœuvre, tant notre pavillon était redouté de ces gens, qu'ils abaissaient le leur sitôt qu'ils voyaient celui de la Flibuste.

Ce pourtant, on se tromperait grandement si on en jugeait que les Espagnols sont mols combattants et toujours prêts à se rendre à merci. Cela n'est vrai que pour les marchands. Sur leurs vaisseaux armés en guerre, il en va d'une autre manière, et ils savent bien, lors qu'ils le veulent, faire forte et belle résistance, voire même attaquer résolument, comme il se va voir par la suite.

J'étais reparti en course et avais, pour cette fois, établi ma croisière sur la bande Nord de Couve, entre Porto-Principe et Baracoa, étant dans l'espérance de voir sortir de l'un de ces deux havres, quelque marchand bien rempli de tabac, pour le porter aux ports d'Espagne, le grand commerce de cette terre de Couve étant de cette marchandise.

Je m'étais peut-être un peu trop approché de la côte, où quelque vigie put bien me voir et me signaler à ce dernier port de Baracoa, d'où sortit, selon toute apparence à seule fin de me réduire, une forte frégate, avec haute voiture bien neuve et blanche et qui courut hardiment sur moi.

Il n'est rien à gagner avec ces marchands de mort subite, hormis des boulets et la corde au cou si l'on est pris. Je mis donc en fuite, le cap au Nord-Ouest-quart-Nord, qui était pour moi la direction des îles Bermudes. Je me reposais sur la bonne marche à la bouline du *Jovial-Tiburon* qui serrait joliment le vent, bien davantage que ne le peuvent faire les vaisseaux dont toutes les voiles sont carrées. Je me flattais de me pouvoir mettre en peu d'heures, hors de vue de ce bâtiment. Mais je fus bientôt détrompé. Aussi bon voilier que fût le brigantin, l'autre avait sur moi l'avantage du vent et portait vitesse plus grande, en sorte que, peu avant la méridienne, on en pouvait voir la figure de proue avec la lunette. J'avais, comme bien on pense, établi toute ma voile et n'en pouvais mettre davantage, et j'en avais assez pour que j'en vinsse à craindre de voir venir en bas ma mâture haute. La frégate nous courait au derrière tout comme fait un lévrier après un lièvre.

Je fis mouiller les voiles basses pour faire serrer la

toile et qu'elles retinssent mieux le fluide, et mollir les rides des haubans pour donner de la souplesse à tout l'édifice de la mâture, mais rien n'y fit et l'autre nous approchait toujours.

D'aucuns disaient qu'il fallait jeter l'artillerie dans la mer pour alléger le bateau. Mais je ne le voulus pour ce que, dans le cas où cela n'eût point suffi à augmenter assez ma vitesse, je me fusse trouvé désarmé, et aussi pour ce que les pièces de canon sont objets rares aux Iles et difficiles à remplacer. Il me fallut donc, quoique à contre cœur, me préparer au combat. Pour l'ordinaire, les Flibustiers sont fort insouciants du canon, mais, moi, j'avais appris à être prudent, me remémorant la lourde volée de boulets ramés dont nous avaient, un jour, régalé les Espagnols. Néanmoins, pour cette fois, je dus me résoudre à m'y risquer.

....
....

Les pages qui suivaient, étant à la fin du premier cahier, ont disparu. Le capitaine Le Golif y relatait, sans doute, dans le détail, les péripéties d'un héroïque combat naval dont il ne nous reste plus que la fin, qui se trouve au début du deuxième cahier.

....
....

C'est par le bras de vergue de ma misaine que je me laissai tomber sur mon tillac en criant en même temps : « Déborde ! » et cela, sans trop m'occuper à savoir, par ma foi, si je laissai ou non, beaucoup de mon monde sur l'ennemi. Il fallut dégager le bateau. Cela demanda un temps que je trouvai bien long, mais qui donna à quelques-uns, attardés, le temps de rallier. L'incendie bien aidé par ce qu'il restait de vent, se propageait sur l'espagnol, avec une vitesse bien grande et on en entendait le ronflement dans la batterie lors que nous parvînmes à déborder après avoir si bien allumé la pipe à ces gens-là. Je fis servir sitôt que je pus et porter le cap au Nord-Ouest-quart-au-Sud, ce qui nous mettait grand largue, et il nous fallut éteindre un commencement de feu, qui avait pris à nos haubans de grand mât, ce qui fut heureusement et prestement fait. Le vent, qui nous avait si bien servi jusqu'alors, avait beaucoup failli avec le soir venant, en sorte que nous fûmes longs à prendre notre erre et cela me faisait enrager fort, car la frégate, présentement, commençait de flamber tout aussi bien qu'un brûlot, et je voyais approcher le moment où mieux vaudrait en être loin que près. C'était pitié de voir tous les gens qui couraient sur les bords, et les entendre braire comme bêtes à la mort. Ceux-là qui savaient se soutenir sur l'eau, peu ou prou, se jetèrent dans la mer et brassèrent vers nous de toutes leurs forces. Encore que nous n'allions point plus vite que tortue, aucun ne nous put joindre, et on conviendra qu'il n'était point l'instant de perdre son temps à les attendre.

Une fumée bien noire et épaisse couvrait la mer jusqu'à plus d'une demi-lieue sous notre vent. Je vis des mariniers qui s'efforçaient de mettre une grosse chaloupe à flot, mais le feu les en empêcha. A mesure qu'il gagnait sur l'arrière, il faisait péter tout seuls les canons l'un après l'autre, et leurs boulets s'en allaient tuer les vagues. On peut penser que nous attendions tous, non sans grande crainte, le moment qu'il arriverait à la Sainte-Barbe, car la fumée sortait, ce présent, jusque des sabords d'arcasse, et nous n'étions pas encore assez éloignés pour n'être point éclaboussés lors que le navire viendrait à sauter en l'air, ce qui ne pouvait tarder.

Soudainement, je vis s'enfler un prodigieux champignon de fumée jusqu'à une grande hauteur dans les airs, accompagné d'une grosse flamme et d'une quantité des choses les plus diverses. J'ai vu s'envoler un cabestan tout entier, la moitié d'une embarcation, une ancre avec son câble qui la suivait comme un gros serpent, deux affûts de canon, des barils, une caliorne et beaucoup d'autres apparaux. Parmi tout cela je vis encore une bonne douzaine de bonshommes, bras et jambes écartés, en la position des danseurs de fandango, mais quelques-uns la tête en bas. Ils paraissaient partir, le plus gracieusement du monde, pour s'en aller faire un ballet dans les nuages.

Sitôt après, nous vint une gifle de vent tant furieuse qu'elle pensa jeter à bas toute notre mâture. Il fallut que nos haubans, qui furent regardés peu après, fussent bien solides pour y avoir résisté. Ceux-là qui avaient des chapeaux les virent s'en aller au diable. Notre brigantine, notre bourset et la misaine se fendirent par le milieu comme par l'effet du coup de sabre d'un Goliath, et ne furent plus que bannières dans le vent. Avec cela, un bruit de tonnerre, qui nous fit tous sourds pour les heures qui suivirent.

Une quantité infinie de débris chut dans la mer et sur notre tillac, et, parmi ces derniers, une main qui tenait très fermement une belle épée en bon acier de Tolède. La fusée en était d'argent et le pommeau de vermeil, ainsi que l'écusson, et la coquille était d'acier bruni, magnifiquement damasquiné d'or fin.

Ce qu'ayant vu, je ne doutai point que cette main ne fût celle du Capitaine de ce bâtiment, qui, par-dessus le Styx, me rendait ainsi son épée.

VI

Comment je fis cocu l'Alcade Mayor de Cucuba

Lors que nous prîmes Cucuba, qui est un gros bourg proche la ville de Caraque, m'advint plaisante aventure que je ne veux pas omettre de narrer. Les habitants n'eurent point le loisir de faire résistance et il ne fut pas lâché un coup de fusil. Aucun ne nous put échapper, pour ce que, avisant par surprise et de nuit, au jour levant, toutes les issues étaient gardées par nous. Je fus aussitôt à la maison de l'Alcade Mayor que je trouvai au saut du lit où il était avec sa femme, qui était belle. Une fois qu'il fut revenu de sa surprise, n'ayant eu ni le temps ni, je crois, le goût de faire quelque défense, et après qu'il fut habillé, je fis à ce personnage un bref discours, par lequel je l'avisai qu'il n'était pas dans nos intentions de faire les cruels, et que je me contenterais de tenir enfermés dans l'église tous les mâles de sa ville, jusqu'à ce que soient apportés, avant le lendemain au soir, trois mille ducats d'or en rançon de la liberté, faute de quoi, je me verrais dans l'obligation de mettre Cucuba ras pied ras terre par le feu.

Ayant longuement débattu, je ramenai ma prétention

à deux mille ducats d'or, ce qui était bien modeste et raisonnable. Après quoi, je l'envoyai sous bonne garde à l'église y rejoindre les autres habitants que mes gens cueillaient un à un et le plus aisément du monde en leurs logis, et afin qu'en sa qualité d'Alcade, il s'entendît avec eux et le Padre, pour que cette somme me fût portée avant le délai que j'ai dit. S'étant enquis de ce qu'il adviendrait des dames, je l'assurai que nous étions gens d'honneur, et que nulle violence ne leur serait faite.

Ainsi débarrassé du mari, et me reposant sur mes lieutenants de la bonne exécution de mes ordres, je m'occupai de la señora que j'eus le plaisir de trouver disposée à faire l'aimable et l'obligeante. L'ayant priée de me montrer ses bijoux, elle me porta de bonne grâce un coffre où j'en vis de fort beaux. Me voulant sans doute amadouer, elle me demanda en suite, et le plus honnêtement du monde, que je voulusse bien lui faire le plaisir de partager son repas. Je ne crus point lui pouvoir refuser, et nous dînâmes, fort agréablement, de mets et vins délectables, fort bien servis par ses négresses domestiques. Avant la fin, profitant d'un moment où nous étions seuls, et où nul ne nous pouvait entendre, j'osai lui confesser qu'elle était de mon goût. J'avais observé qu'elle avait le pied tout étroit et mignon, ce qui permet d'espérer, comme on le sait, trouver autre chose de même. J'étais pour lors encore jeune et fort avenant, tant de visage que de corps, et elle me voulut bien répondre que je ne lui déplaisais point. Elle fit pourtant l'objection que son mari était fort jaloux, comme le sont tous les Espagnols, et que, s'il arrivait à apprendre qu'elle avait répondu à mes sentiments, il était dans le cas d'en venir à la tuer. D'autre part, je lui avouai qu'il m'a toujours grandement répugné d'user de cautèle et feintise, aussi bien en amour comme ailleurs, et de faire le rampant dans la nuit pour jouir en secret des faveurs d'une belle. Ce sont là choses qu'il faut laisser aux freluquets des villes, et indignes d'un vrai et loyal homme de guerre, qui, ne devant rien craindre, se doit de ne rien dissimuler et tout faire au grand jour, là comme ailleurs, quoi qu'il en puisse déplaire aux maris et autres cocus. J'ajoutai, qu'étant homme d'envergure et de beaucoup d'occupations, il ne m'était point aisé de dissimuler quoi que ce fût de mes allées et venues à la curiosité qui s'attache toujours aux pas d'un personnage d'importance. Je ne voulais point, cependant, la mettre en danger d'être immolée par le cocu, sitôt que je serais parti, en sorte que nous étions tous deux fort empêchés de trouver le moyen d'arriver à nos fins.

Ce fut elle qui nous tira d'embarras. On va voir par ce qui suit combien les femmes sont pourvues de génie et d'invention lors qu'il s'agit de satisfaire le penchant que leur a donné la nature. Elle commença par me laisser entendre que, n'étant point sans religion, elle verrait gros péché pour elle d'aller au-devant de mes désirs, mais que, si je me résolvais à utiliser la violence, elle sentait bien qu'elle aurait grande difficulté à ne se point laisser aller à me pardonner. Elle ajouta que si son mari ne pouvait manquer d'éprouver grande et redoutable fureur venant à apprendre qu'elle avait fait l'amour avec moi de son plein gré, il n'en irait point de même, s'il pouvait être convaincu que j'avais usé de la force, pour ce qu'alors, elle ne pourrait point être tenue pour avoir été adultère et ne serait plus que bien touchante et pitoyable victime de l'ordurière bestialité masculine, et elle se faisait forte, par la suite, d'arranger les choses avec un feint désespoir accompagné d'un fleuve de larmes. Elle ajouta que son mari se faisait des aventuriers une idée si noire, qu'il n'y aurait aucune difficulté à lui faire accroire que je m'étais conduit envers elle comme un porc, et, pour lors, sa colère se porterait tout uniquement sur moi, ce qui demeurerait sans conséquence, car je serais déjà loin et hors de ses atteintes. Pour lui faire avaler cette fable, il n'était que de jouer, auprès des esclaves domestiques, la comédie de la violence, et il ne nous restait qu'à nous montrer bons baladins de théâtre.

Ainsi fut décidé, et nous nous distribuâmes les rôles. Il fut convenu que je m'introduirais chez elle à la nuit, tout comme un butor embrasé de paillardise, que je trouverais, pour la vraisemblance, la grande porte fermée, mais elle n'était point dans l'embarras pour moi, pour ce qui est de la faire céder, que cela ferait du bruit, et réveillerait les négresses qui, étant sans armes ni courage, ne me pourraient empêcher de monter à la chambre dont le verrou de porte ne serait point tiré, que je n'aurais qu'à entrer et le fermer derrière moi, qu'elle ferait pour lors grandes clameurs, cris, appels et sanglots déchirants, tout cela pour le semblant, et que nous pourrions, à ce prix, être heureux toute la nuit, sans qu'on lui pût reprocher, par la suite, d'avoir été complaisante à mon ardeur, et de s'être livrée de plein gré au péché.

La pièce ainsi montée, il ne restait qu'à la jouer.

Je la quittai toute l'après-dînée afin de pourvoir aux numéreuses choses dont se doit occuper celui qui commande en une ville conquise.

Je revins, dès la nuit tombée, à la maison de l'Alcade Mayor, suivi de mon nègre domestique et de quatre Frères de la Côte qui m'étaient dévoués et que je pris avec moi par prudence, tant comme gardes du corps, que pour m'aider à ouvrir la porte par la force. Comme je l'attendais, je la trouvai bien close, et personne ne répondit à nos coups de heurtoir, si bien qu'il nous la fallut enfoncer, ce qui fut assez tôt fait, après avoir fait sauter l'huis à coups de fusils. Nous trouvâmes, derrière, quelques négresses épouvantées qui s'enfuirent comme moineaux, hormis la plus grosse et vieille qui prétendit me barrer la route. Je sus, par la suite, qu'elle était la nourrice de la belle. Elle était tant attachée à sa maîtresse, et si bien dupe de notre jeu, qu'elle s'accrocha à moi lors qu'elle vit que je m'apprêtais à monter à l'étage et criait qu'il me la faudrait tuer avant que d'aller plus loin, et faisait mille désespérées supplications, invoquant tour à tour ou à la fois, la sainte Madone, et saint Jacques de Compostelle à la venir aider pour défendre l'honneur de la señora. Ayant dit à mes hommes de m'attendre là, ce ne fut point petite affaire que de passer outre et gravir les degrés avec cette pesante bougresse qui s'agrippait à mes chausses et me voulait mordre et griffer.

Lors que j'ouvris la porte de la chambre, la belle m'attendait en son lit, et elle commença à jouer son rôle et à lancer les hauts cris. La vieille étant entrée avec moi, je dus m'en défaire avec mes pieds et mes poings et l'ayant enfin jetée hors, je fermai la porte au verrou, la laissant frapper au vantail et larmoyer derrière tout son saoul, ce pendant que ma prétendue victime continuait d'appeler à l'aide avec des sanglots bien déchirants. Je me dévêtis promptement et, une fois à l'état de nature, je m'élançai pour l'amoureux assaut avec fougue si belle que je l'en vis toute surprise, et je ne suis point certain que les véhémentes clameurs qu'elle jeta pour lors, eussent été entièrement de comédie. Quoi qu'il en soit, je fus si vite en la place, et j'y œuvrai si vaillamment et si bien, qu'elle ne fit bientôt plus que gémissements aussi doux que roucoulements de colombe et qui n'étaient point de douleur.

Ce n'est qu'après m'être satisfait, que je m'avisai que la vieille était toujours à gratter la porte et à pleurnicher par derrière. Cela nous amusa un bout de temps, puis j'en vins à être impatienté d'ouïr ces jérémiades. M'étant levé, j'ôtai les balles de mes pistolets et ouvris. Me voyant tout nu et l'arme au poing, elle fut plus épouvantée que si j'eusse été Satan lui-même, et, comme elle tournait le dos pour s'enfuir, je lui lâchai mes deux coups à poudre dans les fesses assez près pour lui brûler le jupon et peut-être un peu aussi la peau. La frayeur la fit choir dans les degrés qu'elle descendit en roulant, tant sur le ventre que sur le derrière, et, quand elle fut en bas, elle clama longuement qu'elle était morte. Elle y rejoignit mon nègre et mes gardes du corps qui se divertissaient en buvant, et s'amusaient avec celles des servantes qui se trouvaient être à leur gré. Après leur avoir demandé le pardon de les interrompre en si gracieux ouvrage, je priai deux d'entre eux qu'ils voulussent bien relever cette encombrante guenon et la conduire à l'église et l'y faire enfermer avec les hommes prisonniers, et cela, tant pour m'en défaire, que dans l'idée qu'elle y retrouverait son maître et ne pouvait manquer de lui conter, encore toute échauffée du feu de l'indignation et du désespoir, ce qui se passait présentement chez lui, et qu'il fût, par là, bien abusé, comme nous le voulions. Après quoi, je remontai et revins vers le lit où nous reprîmes nos ébats.

Quoi qu'on puisse dire et publier que les femmes espagnoles sont un peu engourdies dans les travaux de l'amour, celle-là se montra de braise et bien fertile en raffinées inventions. On me pardonnera si, pour la décence, je me vois ici contraint d'user de figures pour me faire comprendre. Je dirai donc qu'il n'est, aux Iles, bon maître coq qui ne sache accommoder les figues longues d'un nombre infini de manières, et je vis que ma belle était maîtresse en ce genre de cuisine.

Après nombreux régals variés et divers, nous fîmes les ablutions nécessaires, et prîmes quelque repos, et nous nous restaurâmes de quelques fruits, confitures et liqueurs qu'elle avait eu la précaution de tenir préparés en une armoire. Elle avait là une marmelade d'amandes de cacao confit, qui était de sa fabrication, dont je me régalai avec délice. Nous égayâmes cette collation de joyeux propos et amoureux devis. Ayant cru lui devoir dire combien je la trouvais belle, elle me répliqua que plus de cent soupirants et galants le lui ayant assuré avant moi, ce compliment n'avait point, pour elle, le mérite de la nouveauté, et qu'il serait mieux que je trouvasse autre chose. Je crus bien faire, pour lors, de lui dire combien je pensais qu'elle avait d'esprit, ce à quoi elle répondit qu'il en était de même pour ce chapitre, et que la réputation qu'on lui avait faite sur ce point était pour elle bien lassante, car elle se voyait dans l'obligation de se toujours fatiguer la cervelle pour trouver la meilleure répartie, afin de justifier cette renommée. Elle me pria de vouloir bien la tenir pour sotte, m'assurant que cela lui serait inaccoutumé, et que l'imprévu et la surprise ont autant d'efficace à l'amour qu'à la guerre. Je crus nécessaire, par civilité, de faire quelques réserves, mais elle y mit tant d'insistance, qu'il y eut eu de la mauvaise grâce, de ma part, à ne point répondre à son désir, et, l'ayant fait, elle m'en remercia bien fort, disant combien elle trouvait à cela de l'agrément et du repos, ne se voyant plus contrainte à faire effort de la tête pour me répartir, et elle m'embrassa avec grande effusion, m'assurant que la tête avait peu de place en les choses de l'amour, tout se passant aux alentours du cœur. Je dus reconnaître là l'expression de la vérité, et fit le jugement qu'elle montrait bien de l'esprit à vouloir mettre ce dernier en sommeil, en une affaire où il n'a pas grand chose à voir.

J'étais, sur l'instant, tant coiffé d'elle, que je lui fis proposition de partir avec moi. Il y avait déjà quelques aventurières qui suivaient certains frères de la côte en leurs courses, surtout parmi les flibustiers anglais qui sont plus paillards que les autres pour ce qu'ils sont hérétiques. Je lui vantai les charmes d'une vie où aucun jour ne ressemble à celui de la veille ou du lendemain, où la liberté était la règle et où de grandes richesses se peuvent prestement acquérir. Elle me répondit qu'elle était de nature délicate et craignait l'aventure, et que, quelque désir qu'elle pût avoir de n'être plus jamais séparée de moi, elle redoutait d'aller sur les mers, ayant mauvais souvenir du voyage qu'elle avait fait pour revenir de Séville, où ses parents l'avaient envoyée enfant en un couvent, pour y être éduquée, durant lequel voyage elle avait été tant travaillée des bondissements de son estomac, qu'elle en avait pensé mourir. Elle me fit bien l'offre que je demeurasse à Cucuba, où elle se faisait forte de me pouvoir cacher, mais cela n'était point à envisager, pour ce que, si je venais à être pris, je courrais le risque d'être pendu, et, quoique on dise que ce genre de trépas procure au patient grande jouissance à l'instant suprême, je ne me souciais point d'en faire l'expérience. Par la suite, je me consolai du refus qu'elle me fit de partir avec moi, en faisant réflexion à l'embarras qu'elle eût été en maintes circonstances où je me suis trouvé depuis lors, en lesquelles une femme n'eût été pour moi qu'un meuble inutile, mais, sur-le-champ, j'en eus quelque dépit, qu'elle sut dissiper par caresses, frôlements, attouchements et elle m'entraîna vers le lit, où, une fois m'ayant remis en émoi, cette bacchante se mit en selle avec toute la prestesse et l'habileté d'une parfaite amazone.

Peu après, ce fut moi qui fis le cavalier et repris l'attaque, et sus me montrer tant courageux et gaillard que je la mis dans le cas de demander bientôt quartier, après quoi elle s'endormit de douce fatigue en mes bras.

Au jour levé, après une ultime chevauchée, nous nous séparâmes bien contents l'un de l'autre, quoique fort contristés par la pensée que cette délectable nuit était la seule que la Providence consentît à nous accorder. Elle me fit confidence qu'elle avait observé, dès m'ayant vu, que j'avais les pieds fort grands, et elle en avait pris l'idée de s'assurer si l'on dit vrai, lors qu'on avance qu'il y a proportion entre les pieds des hommes et l'outil qui leur sert à rendre les femmes heureuses. Et elle me confessa que, sur mon compte, elle n'était point trompée. Je lui répliquai que j'avais fait la veille même observation, sitôt vu son petit soulier, et que je n'avais pas été leurré.

Je la tins quitte de ses bijoux, encore qu'elle eût à son doigt une bague montée d'une émeraude qui est la plus grosse que j'ai vue de ma vie. Mais on conviendra qu'il n'eût point été délicat de ma part, de la lui enlever.

Je la laissai dans le lit, les seins à l'air et la chemise déchirée, pour la mise en scène. Après toilette faite, m'étant revêtu, et ayant rechargé mes pistolets, je pris congé d'elle après beaucoup d'embrassades, et lors que je descendis les degrés, je l'entendis qui reprenait ses sanglots. Je ne suis pas loin de croire qu'ils n'étaient qu'à demi simulés, et que le chagrin qu'elle ne pouvait manquer de ressentir, à la pensée de ne me plus jamais revoir, n'y fût pour quelque chose.

Je trouvai en bas mes gens endormis et passablement ivres, si bien que je les dus réveiller avec quelques coups de pieds dans le cul. Lors qu'ils furent debout, j'allai avec eux à l'église pour m'enquérir de la rançon, et je vis le Padre qui m'assura qu'elle me serait portée avant le midi, ce qui fut fait.

N'ayant, pour lors, plus rien à faire dans Cucuba, nous prîmes nos dispositions pour le départ qui se fit peu d'heures plus tard, et ce n'est qu'au dernier instant que nous donnâmes la liberté à nos prisonniers.

Comme le chemin que nous avions à prendre pour aller vers Caraque passait devant la demeure de ma belle, je fis ranger ma troupe en bon ordre. Elle se montait à cent trente-cinq. Je marchai premier, comme de juste, avec mes pistolets de ceinture, belles bottes à chaudron, chapeau à plumes et épée au côté. Derrière moi je mis mes deux tambours en leur disant d'avoir à rouler très fortement, puis venait le trompette qui n'était là que pour le décor, le bougre étant incapable de souffler dans son instrument sans écorcher affreusement les oreilles. Venaient, en suite, mes gens dont l'accoutrement était, à la vérité, bien fort dépareillé, mais la plupart ne manquaient point, cependant, d'avoir l'aspect grandement martial et, pour finir, suivaient vingt-trois baudets et dix-huit nègres que nous avions pris avec nous pour porter le bagage.

Lors que nous passâmes sous les fenêtres de ma dulcinée, je les trouvai closes. Les tambours, derrière moi, faisaient le bruit du tonnerre, et je ne manquai pas de marcher le plus fièrement et le plus magnifiquement que je pus, pour le cas où elle me verrait une dernière fois, à la dérobée, cachée derrière les rideaux, et que, par là, elle conservât de moi le souvenir d'un beau Capitaine, qui avait su se montrer aussi vaillant et valeureux aux combats de l'amour qu'à ceux de la guerre.

VII

Histoire de mon mariage

Peu après cette expédition de Caraque, que les Espagnols nomment Caracas, j'appris que l'on attendait à la Tortue le premier chargement de dames que Monsieur le comte d'Ogeron avait arrêté de faire venir de France, ce dont on parlait bien fort dans l'île depuis plusieurs mois.

J'étais pour lors plutôt à mon aise, encore bien pris de ma personne, et de fort bon air, et il me vint à l'idée de prendre femme puisque l'occasion s'en présentait.

Le navire qui amenait les filles mouilla à la Rade un samedi, trois heures avant la nuit, et il fut aussitôt entouré par force barques, canots, embarcations de toutes sortes, emplis à couler de frères de la côte, tant habitants que flibustiers, fort impatients de connaître la marchandise qu'il portait. Mais on ne laissa monter à bord aucun d'entre eux, ce dont ils montrèrent tant de malcontentement qu'on put craindre qu'ils ne s'avisassent de le prendre d'assaut, ce qu'ils eussent fait, sans aucun doute, si Monsieur d'Ogeron n'était venu en sa particulière embarcation, et, lui seul, monta sur le navire où il demeura jusqu'à la nuit. Avant qu'elle ne se fît, c'est tout juste si je pus voir, de mon canot, deux ou trois donzelles qui mirent le nez aux sabords, mais elles furent saluées par si gaillardes acclamations qu'elles disparurent sur-le-champ, à la grande déconvenue de leurs admirateurs.

Lors qu'il se retira, Monsieur d'Ogeron nous apprit qu'on ne laisserait monter aucun sur le bateau avant le lundi ; le lendemain dimanche devant être consacré par ces dames à la confesse, afin qu'elles se présentassent au sacrement de mariage, en état de pureté, ainsi qu'il est sagement requis par la loi religieuse ; deux capucins étaient à bord à cet effet, en guise de Pères Aumôniers. Il nous dit aussi que ceux-là qui étaient désireux d'épouser, étaient tenus à en faire autant et ne se pourraient marier que pourvus d'un billet de confesse, ayant toute la journée du lendemain pour se mettre en règle avec Dieu. Il ajouta qu'ils auraient à donner vingt-cinq ducats d'or au capitaine du navire pour paiement du passage de la dame qu'ils épouseraient.

Ce lendemain donc, dès matines, je fus à confesse. Le Père Canteloube, de l'Ordre de Saint-Dominique, qui faisait depuis six ans fonction de curé à la Tortue et que tout un chacun aimait et estimait, eut bien du travail ce jour-là. On me croira si je dis que je n'étais point seul. Il y avait là le Capitaine Julien, le vieil Cameyrelongue, Bille en Bois, de son vrai nom Dupuy-Bidart, natif de Bayonne, et infiniment d'autres braves flibustiers, tous gens de cœur et de ressource, fort bien pourvus tant d'or en doublons et sequins, que de vraie et bien acquise gloire.

Le Père Canteloube ne sortit du confessionnal que pour dire la grand'messe, que j'ouïs, au milieu de tous, avec grande dévotion, et sitôt après, il retourna s'enfermer en sa guérite pour recevoir à l'oreille l'aveu de bien des péchés et distribuer les pénitences et les absolutions.

Je fus dîner au *Papegai bleu*, chez Anastase, et je retins, pour le lendemain, sa grande salle pour mon repas de noce que je voulais magnifique, étant pour lors en état de ne point faire le regardant.

Tout ce dimanche, il y eut foule d'embarcations autour du bateau, tout autant que le samedi soir, mais on fut bien volé, car il n'y eut rien à voir, les dames étant demeurées cloîtrées pis que nonnains. Mais ce n'était rien auprès de ce qu'on vit le lendemain au matin. Jamais je n'eusse pu croire qu'il y eût tant de chaloupes et d'esquifs à la Tortue, et bourrés de gens, comme le sont d'aliments les tripes d'un moine après un repas. J'y étais venu dans le grand canot du *Jovial-Tiburon*, six de mes hommes aux avirons et mon matelot Joseph Toublanc, dit Pulvérin, à mes côtés. Ce sobriquet montre assez qu'il était de nature à s'enflammer aisément, n'ayant point le quart de mon calme et de ma retenue.

Toutes ces embarcations se pressaient autour du navire, les avirons entremêlés, d'où force dispute naquirent. On peut croire que je n'étais pas dans les derniers. Seule la grande barque du *Caribou* me séparait de l'échelle de tribord. Elle portait le Capitaine Julien, natif d'Aigues-Mortes en Provence, fort en gueule et plus outrecuidant que s'il eût été le Pape de Rome, mais franc compagnon et bon frère de la côte. Etant peu patient, il demanda aux soldats de garde et aux matelots du navire qui nous regardaient par-dessus les bastingures :

— Garçon ! Combien de temps encore avant le midi ?

— Le quart d'une heure, lui répliqua un sergent.

— Fesse de caïman ! Mange donc le sable du sablier !

— Que voilà donc des gens pressés pour être cornards ! dit un blanc-bec dont c'était, certes, le premier voyage à l'Amérique, pour oser se gausser ainsi des Flibustiers.

— Tudieu ! Tu en as menti ! éclata Julien.

Et en moins que rien il escalada l'échelle et fut à bord, où les soldats le voulurent empêcher de mettre le pied. Mais il ne serait pas trop de deux régiments du Roi pour arrêter un Capitaine de la Flibuste, fût-il tout seul et nu comme un Jésus. Il ne fut pas long pour bousculer les soldats, attraper le jean-foutre, et le balancer par-dessus le bord. La malice du diable voulut que le bougre tombât sur le plat-bord d'une chétive barque déjà chargée à couler et que ce poids malencontreux fit retourner sur-le-champ, et voilà huit galants à barboter sous les risées de l'assistance qui leur criait que ce bain venait à propos pour abattre le feu d'amour qui les travaillait.

Encore que n'étant point le dernier à rire, je m'avisai soudain que Julien était, pour lors, sur le bateau et moi, encore là, comme couenne de lard ou balle de tabac. J'eus tôt fait de grimper à mon tour à l'échelle suivi de Pulvérin. Les soldats prétendirent nous barrer la route. Il y en eut bientôt quatre étendus sur le tillac, bien étourdis et dont l'un était le bas officier qui les commandait, lequel fut assez long à revenir pour ce que je lui avais donné de la crosse de mon pistolet dans la mâchoire.

Le Capitaine du bateau, sortant de sa gabane, accourait. D'autres frères de la côte montaient après nous. Un grand désordre était, en bas, dans les embarcations où les gens étaient si hâtifs pour monter à bord, qu'ils n'avaient garde qu'ils écrasaient entre leurs barques ceux qui étaient dans l'eau, et dont il y eut, par là, trois de noyés. Il se faisait de tels cris que je ne pouvais ouïr ce que me voulait dire le Capitaine qui, fort civilement, avait ôté le chapeau. C'est alors que l'on vit se détacher de la rive le canot à tendelet rouge de notre Gouverneur, et cela suffit à ramener le calme.

— Voici Monsieur d'Ogeron qui vient à bord ! cria-t-on.

Nous reçûmes, au haut de l'échelle et chapeau bas, Monsieur le Gouverneur.

C'est en ce moment que retentit, au canon du fort, le coup de midi. Monsieur d'Ogeron, après s'être un peu étonné de notre impatience, se tournant vers moi, dit :

— Capitaine Le Golif, choisissez vous-même quatre de ces messieurs, parmi la douzaine que je vois là. Les autres voudront bien attendre que vous ayez fixé votre choix, et descendront à leur tour dans la batterie, cinq par cinq, avec leurs matelots, comme j'ai dit.

Je pris alors avec moi, outre mon matelot Pulvérin, le Capitaine Julien, qui était monté premier, le Capitaine Fulbert, bel homme et franc compagnon, et le vieil Cameyrelongue pour ce que c'est un des plus anciens capitaines de la flibuste, un homme venu aux Iles avec d'Esnambouc, qui a connu Le Vasseur et du Rosnay. Chacun était, comme de juste, accompagné de son matelot.

Entrant dans la grand'chambre, suivi de mon frère Pulvérin, je ne vis dès l'abord, en fait de femmes, que les deux capucins qui étaient là pour bénir sur-le-champ les unions devant le Seigneur, ayant porté même leur pierre sacrée avec tous les ornements et outils nécessaires à leur sacerdoce. Je leur dus remettre mon billet de confesse et, ceci étant fait, nous passâmes dans la batterie où je distinguai mal, car la lumière du soleil n'entrait là que difficultueusement, une cinquantaine de personnes du sexe qui se tenaient les unes assises, les autres non, et babillaient comme perriques en cages.

Notre entrée mit sourdine à ce tapage et Monsieur d'Ogeron, le Capitaine du bateau, Pulvérin et moi, passâmes la revue, au milieu de la plus grande curiosité de part et d'autre.

A la vérité, il n'en était point beaucoup dont on pût dire qu'elles fussent belles. Une grosse part sentait la catin, et nombreuses étaient celles qui paraissaient, de surcroît, fort usagées. Certaines se composaient un maintien bien modeste et singeaient les bégueules de village, mais à y regarder de plus près, il se voyait vite qu'elles ne venaient point tout droit du couvent. D'autres encore semblaient filles de cabaret, faites pour remplir les pots en quelque fumeuse taverne, en se laissant pincer la fesse par tous les chalands, plutôt que pour faire prudes épouses et bonnes mères de famille. Deux ou trois seulement retinrent mon attention. Les ayant voulu voir de plus près, le Capitaine du bateau les fit s'approcher d'un sabord et je jetai mon choix sur une blonde assez bien tournée, dont l'air timide et soumis, joint à l'avantage de sa jeunesse, me plût dès l'abord.

Etant entré en conversation avec elle, j'appris de sa bouche qu'elle se nommait Noémie, qu'elle était fille d'un Officier mort pour le Roi au siège d'Arras, qu'elle avait eu le malheur de perdre aussi sa mère alors qu'elle était fort jeunette, et celui d'avoir été ruinée par un tuteur scélérat, encore qu'appartenant à l'état ecclésiastique, qui lui avait ravi, outre son petit bien, cette fleur tant précieuse dont les filles ont coutume de faire grand cas.

Aussi bien, ne m'attendais-je point à trouver ce bateau empli de pucelles, et je fis réflexion en moi-même qu'il y avait de l'honnêteté de la part de cette fille de ne se point vouloir donner pour telle, et je crus bien faire de ne me point attarder sur ce détail.

La nécessité, me dit-elle encore, l'avait conduite à

faire le métier de demoiselle de compagnie, car elle savait lire et un peu écrire, seule bonne chose que lui avait enseignée son tuteur. Après avoir servi chez plusieurs personnes de la première volée, elle était venue à Rouen, puis à Dieppe, où elle avait trouvé emploi à l'hôtel du *Canard doré*. Ayant moi-même connu jadis, d'assez près, l'hôtesse de cette maison, dont elle me donna bonnes nouvelles, nous nous trouvâmes en pays de connaissance. En suite de quoi je lui demandai ce qui l'avait amenée à venir à la Tortue. Elle me répondit que c'était le désir de voir du pays, joint à l'espoir d'y pouvoir faire un bon établissement, car elle se sentait davantage portée à faire le bonheur d'un seul homme, plutôt que le plaisir de beaucoup. Je crus devoir pousser la loyauté jusqu'à lui dire sur-le-champ qu'elle aurait à faire le bonheur de deux et non pas d'un seul. On sait que chacun d'entre nous, à l'Amérique, a, pour l'ordinaire, un Frère de la Côte ou matelot, avec lequel il se doit de tout partager, y compris les faveurs de Madame si l'un d'eux vient à se marier [1]. Je lui dis que pour notre cas, il ne serait point tiré aux dés pour savoir qui serait son mari, mon frère Pulvérin me laissant, de bon gré, le titre d'époux, ne se sentant point disposé à recevoir le Sacrement du mariage.

Ce discours ne laissa pas que de surprendre un peu la demoiselle. On ne l'avait point prévenue de cela, lors de son embarquement. Mais, ayant bien regardé Pulvérin, qui était plus jeunet que moi, la belle, en baissant

1. C'était là en effet une des curieuses coutumes des flibustiers. Œxmelin nous dit a ce sujet : « Quand deux d'entre eux rencontrent une belle femme, pour éviter la contestation qu'elle fera naître, ils jettent à croix pile à qui l'épousera. Celui que le sort favorise l'épouse, mais son camarade sera reçu à la maison. Cela s'appelle matelotage. »

les yeux, qu'elle avait jolis, convint qu'il y aurait mauvaise grâce à venir en un pays pour ne s'y point conformer à tous les usages et coutumes et que, pour singulière que fût cette loi, elle se sentait porté à être, là comme en tout, une épouse trop docile pour ne s'y point s'y soumettre.

— Pulvérin ! dis-je pour lors tout joyeux, cette enfant est-elle à ton gré ? Oui ? Va donc ! Et permettez, ma dame, que je vous offre mon bras à seule fin d'aller de ce pas nous faire bénir par l'un des capucins qui nous attendent, à cet effet, dans la grand'chambre.

Et ainsi fut fait, après que j'eus baillé au subrécargue du bateau le prix du passage de la donzelle.

Monsieur d'Ogeron voulut bien accepter d'être mon premier témoin, le second fut le Capitaine Julien, malgré la hâte où je le voyais d'aller à son tour quérir une épouse, en compagnie de Vent-en-panne, son matelot, lequel fut témoin pour la mienne, le second témoin étant mon bon et fidèle frère Pulvérin lui-même. Ainsi fut célébré mon mariage avec demoiselle Ribadet, Noémie, Adélaïde, native de Wormhouldt en Flandre, âgée de dix neuf ans et trois mois. C'était, comme on le voit, encore une jeunesse, que je conduisis à l'autel.

La cérémonie étant bâclée, après que nous eûmes signé nos noms sur le grand registre des mariages, où beaucoup d'autres, ne sachant écrire, ne purent faire que des croix, je remontai sur le tillac, ayant à mon bras ma jeune épousée. J'y fus reçu par belle fanfare de cris et applaudissements, venant tant de ceux qui étaient là, à attendre, que des autres qui tournaient encore à l'entour dans leurs canots, car j'étais le premier qui se montrait ayant pris femme. J'étais tant content que je donnai quatre ducats d'Espagne à cinq bonshommes de la patache, pour qu'ils tirassent sur-le-champ, trois coups de canon à poudre.

Cela était fait, avant que de descendre dans mon canot, je criai depuis le haut de l'échelle :

— Vive Dieu ! A ce soir la noce ! Que tous ceux-là qui se veulent réjouir avec moi et ma dame que voici, s'en viennent, après le soleil couché, au *Papegai bleu*, c'est moi qui régale ! Vive le Roi et Vive la Flibuste !

Un cri, mille fois répété, de : Vive Borgnefesse ! me répondit, et voyant l'ardeur qu'y mirent toutes ces gueules, mon orgueil s'en trouva bien agréablement chatouillé.

Notre retour à terre fut à voir. Certains ne se purent empêcher de nous faire conduite. D'aucuns avaient apporté des guitares dont ils s'accompagnèrent pour chanter des couplets, dont quelques-uns, pour dire le vrai, eussent eu bien de quoi effaroucher une jeune mariée qui n'eut point auparavant vu le loup. Mais, comme ce n'était point le cas, je ne crus pas avoir à la traiter en bégueule, et même, lui ayant pris la taille, je commençai caresses et mignardises, la baisant dans le cou, qu'elle avait tiède, comme celui d'une colombe.

Sitôt pied à terre nous allâmes chez Bari-Barou qui tient le cabaret le plus proche de la cale. Il faisait fort soif, et il convenait de boire au plus tôt, pour fêter un événement que je croyais, pour lors, tant heureux. Nous étions outre Madame Le Golif, Pulvérin et moi deux douzaines des meilleurs drilles de mon brigantin. Nous vidâmes quelques pots de punch. Nous nous trouvions encore là, lors que nous ouïmes trois coups de canon accompagnés de cris de liesse, et nous ne tardâmes pas à voir arriver Julien et ses gens, lui, ayant à son bras une aimable brunette. Nous trinquâmes, comme de raison, et trois coups de canon retentirent encore et ce fut au tour de Cameyrelongue de débarquer. Ce barbon avait choisi la plus jeune de toutes les filles, une pâlotte et maigrelette enfant qui faisait quasi pitié, mais avec des yeux de braise, et qui ne tarda point à rôtir le balai avec toute l'île, et finit par s'enfuir avec un nègre, à la grande terre, d'où elle passa à la Jamaïque et, de là, je ne sais plus où. Après avoir derechef fait raison à ces nouveaux venus, je m'avisai qu'il était grand temps d'aller au *Papegai bleu* à fin de voir si les tables étaient dressées, les rôts sur le feu et tout le menu en bon train.

Nous entendions tonner le canon par intervalles de temps plus rapprochés à présent ce qui montrait que les capucins faisaient leurs affaires, car j'ai oublié de dire qu'ils n'avaient point manqué de mettre une escarcelle auprès de leur autel, et où est le moyen de faire le ladre le jour de ses noces ?

J'étais tant content en arrivant au *Papegai bleu* que je ne me pus retenir d'embrasser Anastase, patron et maître-queux de l'endroit. Je lui avais dit que je voulais qu'il servît un festin plus gros qu'à Versailles, et le boire en proportion. J'avais arrêté qu'il y aurait un grand potage de tortue avec le bouilli, plusieurs grand'goules au court-bouillon, deux cochons entiers rôtis et bourrés de perriques et ramiers, deux ragoûts, et, pour le dessert, fromages de toutes sortes, compotes, pâtés de dinde ou de manicou, fruits crus, sans omettre les gelées et les confitures. Voyant œuvrer un régiment de nègres qui apprêtaient tout cela, et humant tout l'air environnant parfumé d'odeurs de cuisine, je conduisis tout heureux Madame Le Golif à la plus belle chambre de l'étage que j'avais retenue dès la veille et j'étais tant enflammé que je la pressai de contenter sur-le-champ mon ardeur. Mais elle contint avec beaucoup de pudicité ma véhémence, me faisant juge qu'elle n'avait que fort juste le temps nécessaire pour se parer avant le repas. Nous convînmes donc de différer nos transports à plus tard, la nuit étant, au demeurant, mieux que le jour, propice aux amoureux ébats. Je la laissai donc à sa toilette.

J'ai omis de dire que son bagage était fort modeste, se composant, outre le bas de jupe d'étoffe rayée qu'elle portait sur elle avec un petit corps de cotte en maigre brocart vert, un petit peu usé, de deux jupons assez fatigués, l'un à la friponne, l'autre à la secrète, une seule chemise à longs plis et quelques cols de points d'Irlande ou de valenciennes passablement défraîchis. Néanmoins, elle sut bien faire pour reparaître en assez joli équipage. C'est sa coiffure surtout qu'elle avait eu l'art de réussir. Ses cheveux, qu'elle avait fort beaux, formaient une cule-butte du plus gracieux effet, et de longs bouffons en tire-bouchons lui encadraient le visage et lui seyaient à ravir.

Les cris des convives qui déjà emplissaient en bas la grande salle, me rappelèrent que je n'avais, avant le festin, que juste le temps à mon tour de faire toilette.

J'avais fait venir du *Jovial-Tiburon* mon grand coffre où je tenais serrés mes plus beaux habits. Je lui laissai choisir si je me devais vêtir à la militaire ou autrement. Ayant dit qu'elle préférait le civil, je mis une magnifique rhingrave à jupon damassé d'or. Je mis aussi de superbes canons de dentelle, un large baudrier avec un fort beau nœud d'épée tout en or, et avec cela, point de bottes, mais bas de soie et souliers à talons.

Lors que je parus en cet équipage avec Madame à mon bras, je laisse à penser que j'obtins beau triomphe. La joie que j'en ressentis fut tempérée lors que je vis que plusieurs de mes convives s'étaient déjà abreuvés un petit peu plus qu'il n'était raisonnable. Je fis la remarque en ce même temps, qu'en dressant les tables, on les avait bien trop serrées et entassées. J'en fis l'observation à Anastase qui m'avoua que Simon Andoche dit Babord-Amures, un fesse-mathieu qui n'était même point Capitaine, mais second lieutenant du *Saint-Quirien* et parpaillot converti par-dessus le compte, prétendait faire lui aussi son repas de noce ici même. J'étais à en faire mon reproche à Anastase et ordonnais qu'on servît ces gens-là, soit dehors, soit partout ailleurs qu'il leur plairait, hormis la grande salle que je voulais ce jour d'huy, avoir pour moi tout seul et mes amis, et j'en étais à commander qu'on enlevât sans tarder leurs tables et couverts, lors que le personnage lui-même me vint tenir tête. Ce jean-foutre m'osa demander en face, de quel droit il n'y en avait, selon lui, que pour moi à la Tortue, ajoutant qu'il était aussi riche comme je pouvais l'être et qu'il payerait l'hôte tout comme moi, et que, ceci bien entendu et compris, il voulait être servi aussi bien que moi et en la même salle. Il en eut suffi du quart pour m'échauffer les oreilles ! Je me contins, ce pourtant, ne voulant point gâter si beau jour par si sotte querelle, et lui répliquai, du ton le plus calme, qu'au dehors, ses amis et lui seraient tout aussi bien que dedans, puisqu'il n'y avait point apparence d'orage ni de pluie pour toute la nuit. J'ajoutai que, premier, j'avais retenu la salle ayant eu la précaution de le faire dès la veille. Mais ce bougre de Babord-Amures, qu'on appelait ainsi pour ce qu'il avait la disgrâce de porter un grand nez planté tout de travers sur le côté gauche de son visage, ne voulut point entendre raison ni démordre de son arrogance, s'opiniâtrant à répéter qu'il fallait que je fusse sorti de la cuisse du Pape, pour avoir eu le passe droit de faire mon choix le premier parmi le lot des femelles, que, si j'avais pris la plus jolie, c'était sans doute pour avoir plus de certitude d'être le premier cocufié, que lui et beaucoup d'autres avaient été réduits à se contenter des dernières dont aucun n'avait voulu avant eux, et qui n'étaient que pauvres gouapes et putains défraîchies.

Ce disant, on conviendra qu'il manquait grandement à ces dames, tant à Madame Le Golif qu'à sa propre épouse, qui étaient présentes toutes deux et oyaient ces propos. Je ne pouvais décemment en souffrir davantage et ne fut point long à sortir mon épée.

— Bougre de parpaillot maudit, défens-toi ! m'écriai-je, je te veux sur-le-champ payer de ton impudence et te faire ravaler tes paroles.

Madame Le Golif eut, pour lors, un mouvement vers moi, pour me retenir. Mais je l'écartai :

— Mon cœur, lui dis-je, je vous veux faire la grâce de penser que vous n'êtes point femme à accorder votre amour à un couard ou à un foireux ! Paix donc ! Et laissez-moi faire !

— Place ! place ! franc-jeu, criaient les frères de la côte en poussant bancs et tables.

Je n'avais point fait réflexion que, pour se mieux accommoder avec mon costume de gentilhomme, j'avais pris une petite épée de cour, et laissé là-haut la bonne brette de combat que je porte pour l'ordinaire, aussi, à peine eus-je croisé le fer, Babord-Amures n'y allant point de main morte, j'eus le désagrément de voir, en moins que rien, mon arme tordue ainsi qu'un hameçon. Je dois dire que le drôle fut là assez honnête, il aurait pu me piquer la tripe tout à son aise. Pour faire le glorieux, sans doute, devant la galerie, il s'arrêta et Pulvérin me passa sa lardoire qui était fameuse rapière d'Espagne et bougrement bien en main.

Madame Le Golif était à demi pâmée d'émotion. Les

convives des deux noces faisaient grand cercle autour de nous et nous encourageaient avec force cris et farces, mais je ne tardai pas à mettre un pied de fer dans la gorge du bonhomme qui chût en vomissant son sang à gros bouillon. Ses amis l'étendirent sur une table. Son épouse vint auprès de lui et criait qu'il fallait vite laver la plaie avec eau bien fraîche, tant les femmes sont bonnes et promptes à pardonner, et elle lui tenait la main et tâtait son pouls. Et là, il ne tarda point à rendre l'âme, durant que Madame Le Golif me baisait au visage, moi, vainqueur, au grand applaudissement de tous.

Lors que je vis les gens, alentour de la table, ôter le chapeau en faisant soudain silence, je compris que Babord-Amures, de son vrai nom Simon Andoche, venait de trépasser. Je m'approchai de Madame Andoche et lui dis :

— Vous me voyez au regret, Madame, de m'avoir vu contraint à vous faire veuve sitôt que mariée. Je vous veux exhorter à vous en consoler. Je serais marri grandement si je ne tenais pour certain qu'ici, à la Tortue, les prétendants ne vous manqueront guère, et le tort que je vous ai fait ne saurait, certes, tarder à être réparé.

En cet instant, et comme pour me donner raison, une bonne douzaine de mes gens entourèrent la veuve et la prièrent de rester à notre repas. On emportait la dépouille de Babord-Amures, lequel était bien lourd et gros, lors que le matelot du mort, qu'on appelait Tape-Cul, pour ce qu'il était un peu bas des fesses, voulut entraîner la dame, prétendant que sa place était à veiller son mari. Mais cela n'était point du goût des miens, auxquels, par ailleurs, l'eau-de-vie avait déjà quelque peu monté la tête et qui furent prompts à entrer en fureur, voulant garder la femelle qui ne semblait point voir de difficulté à cela, et ils s'écrièrent :

— Hors d'ici ceux du *Saint-Quirien*, hors d'ici !...

Et il éclata sur-le-champ chaude et joyeuse mêlée, où je reconnus bien la valeur de mon monde.

Je n'eus même pas à y prendre part, demeurant à secourir Madame Le Golif qui se pâmait pour la deuxième fois. J'y étais aidé par Madame Andoche qui lui tapait dans les paumes, tandis que je lui frottais le visage avec de l'eau-de-vie de cannes, n'ayant point d'eau de la Reine de Hongrie.

L'échauffourée ne fut guère longue, et tous les compères et compagnons de Babord-Amures prestement jetés dehors. Il n'en coûta que quelques égratignures du fait des sabres et couteaux, et cela malgré une demi-douzaine de coups de pistolet qui n'atteignirent personne et seulement brisèrent un plat de grès pendu à la muraille.

J'eus le plaisir de voir, tôt après, mon épouse revenir à la vie. Grand sot que j'étais, je commençais à la joliment chérir et, comme je m'efforçais de tourner galamment mon compliment pour lui faire part du feu dont je brûlais :

— Monsieur, me dit-elle avec un air bien doux, par lequel la perfide acheva de me mettre dans ses fers, je ne saurais exprimer combien toutes vos bontés et attentions me touchent le cœur. Me pardonnerez-vous ma faiblesse ? Je vous supplie de n'y voir qu'un effet de l'angoisse que j'ai eue en vous voyant hasarder une vie qui m'est déjà tant précieuse.

Pour lors, voyant les couleurs lui revenir au visage, je m'écriai tout heureux :

— Frères de la Côte ! matelots ! gentilshommes de mer et de fortune ! aventuriers et glorieux lurons des îles ; enfants perdus ! mariniers du Diable ! Remettez vitement tables et bancs à leur bonne place, en foutant dehors celles qui ont été mises là pour ce défunt jean-foutre de Babord-Amures, et que tout un chacun prenne place et ouvre sa gueule et son ventre, car les nègres vont nous servir !

On vint à table, donc, avec force cris de vraie joie et liesse bien grande. Mais avant que de s'asseoir, j'eus du plaisir à entendre Madame mon épouse déclarer ne le point vouloir faire sans dire auparavant le Bénédicité. Je pensais pour lors qu'il est toujours bon pour un époux de rencontrer de la dévotion chez sa femme, cela ne pouvant que lui donner de la retenue et de la force dans la lutte contre les passions et les égarements du cœur, où peut sombrer l'honneur du mari.

Cette prière étant faite, on s'assit. Madame Le Golif présidait, je me mis à sa droite, comme de juste, et à sa gauche Pulvérin, et je crus galant de mettre à ma droite à moi, la veuve Simon Andoche, laquelle paraissait d'humeur à tôt oublier l'affaire qui l'avait défaite de son mari. Je dois dire que, pour y aider, elle se mit en devoir, dès le début du repas, de boire immodérément, et ne pouvait répondre, dès après le potage, que d'une voix fort ébréchée aux galanteries de ses soupirants. J'ai dit qu'elle était en vérité gouape bien basse et fort vulgaire catin, mais à la Tortue, avant l'arrivée de ce navire chargé de ribaudes, il n'y avait, pour trois à quatre mille hommes que nous étions, que deux ou trois personnes du sexe. Cela donne à comprendre pourquoi les Flibustiers ne se pouvaient alors montrer trop difficiles sur le chapitre de la beauté et de la vertu des dames, et on trouvera par là moins surprenant que ma voisine ait pu faire si aisément des conquêtes.

Il arriva, lors qu'on apporta, au milieu des vivats, les deux cochons rôtis et bourrés de perriques, qu'elle se voulut lever pour pousser une chanson. Et, de fait, elle commença de lancer avec voix fort éraillée, quelques couplets tant verts et crus, que j'en fus bien contrarié en regard de Madame Le Golif qui trouva bon de faire la mijaurée et la renchérie. Cependant, les ordures que débita la veuve eurent le plus franc triomphe auprès de toute la tablée. On voulut que, pour en chanter d'autres, elle montât sur la table, ce qu'elle fit sans se faire prier, mais pour y chanceler, tant par l'effet de l'ivresse que pour échapper à toutes les mains qui lui voulaient pétrir les fesses, et elle ne tarda point à choir de tout son long non sans briser un plat de faïence, et elle eut fait bien plus gros dégâts si la plupart des autres plats et assiettes n'eussent été d'étain. Comme elle était hors d'état de se relever, on la laissa là, entre les deux cochons, ses gros tétins à l'air, et, on joua à lui piquer le croupion avec les couteaux, ce qui lui tirait des grognements assez comiques. Mais elle eut bientôt des hoquets et fut malade, et il fallut se hâter de la porter dehors où elle rendit par le haut, le trop qu'elle avait bu. La boisson, par ailleurs, fit bien d'autres victimes et nombreux furent mes amis qui chavirèrent l'un après l'autre. Le repas fut, comme je l'avais voulu, fort abondant et somptueux. D'aucuns mangèrent avec excès, il y en eut qui, dès après le rôti, se virent impuissants à rien engloutir en surplus, certains même durent s'en aller faire le contraire au dehors, allant tenir compagnie à la veuve Andoche. On m'assura, par la suite qu'il y en eût plusieurs qui lui tinrent lieu de mari, en sorte qu'elle eût belle nuit de noce. Au dessert, la gaîté menait grand train et un petit gros, parmi mes gabiers, qu'on appelait Pet-de-nonne, pour ce qu'il avait l'air tout soufflé, chanta le Roi des Anchois, puis ce fut Tête-d'épingle et l'Espingole qui se prirent de querelle pour ce qu'ils voulurent chanter, au même instant, l'un, le Grand Chasse-Foutre, et l'autre, la complainte du Marinier maudit. Pulvérin commençait de ne plus se pouvoir tenir droit sur le banc et s'amollissait, et me prétendait embrasser à tout moment, me disant :

— Mon frère Borgnefesse, pour ce soir, à toi l'amour, à moi le vin !

Et il s'en vidait, à chaque fois, dans le gosier, un grand rouge bord.

Je jugeai l'heure venue de m'écarter, en compagnie de Madame Le Golif, de tous ces ivrognes et, sous couleur de prendre un peu l'air, je l'entraînai dehors, sur le chemin qui monte vers la source, sous les cocoboles, et là, me mis en devoir de lui conter fleurette de plus près. La nuit était vraie nuit des tropiques, tout ce qu'il fallait pour faire décor au sentiment. C'était la première fois qu'elle voyait des coucouilles [1] et elle en fut émerveillée. Je poussai assez mes avantages pour m'assurer que ma dame avait les tétins et la croupe fermes, et la peau plus lisse et douce que le plus beau des satins. Mis en goût par ces reconnaissances, je voulais aller plus avant, encore que la mijaurée prétendait ne se point vouloir donner là, tout de go, sous les arbres, se plaignant d'être fort incommodée par les maringouins qui, pour dire le vrai, voltigeaient avec grosse fanfare alentour de nous. Nous montâmes à la chambre par l'escalier du derrière, pour n'être point vus ni entendus par tous les ivrognes qui poursuivaient à grand bruit leur godaille. Mais si, dans la salle du festin, nous n'avions point été incommodés par ces maudits maringouins, pour ce que nous en avions été protégés par la grosse fumée des pipes à pétun, il n'en fût point de

1. Coucouilles, de l'espagnol *cucuyos :* lucioles. Genre d'insectes coléoptères, comprenant des lampyres, dont les deux sexes sont ailés et lumineux

même dans la chambre, où il en était quelques-uns. Il fallut que je suppliasse ma belle de bien vouloir en prendre son parti, lui faisant ressortir que, quiconque craint trop ces petits insectes que les Espagnols appellent mosquitos, ne doit point venir à la colonie, que, à la nuit tombée, il y en avait partout à la Tortue, qu'au demeurant on s'y accoutumait, et je l'assurai que, dans peu de jours, elle n'y prêterait plus attention.

Sur cela, je l'encourageai à se dévêtir et engageai le plus doux des combats contre sa féminine pudicité. Nous en étions là, lors qu'elle vit, sous le lit, quelques cancrelats. Ce fut, dès lors, une autre histoire ! En place de m'adonner aux pratiques de la volupté, je dus partir en guerre contre les cafards qui faisaient pousser les hauts cris à ma dulcinée. Quand j'avais écrasé une compagnie de ces blattes, lesquels sont fort grosses à la Tortue, je reprenais mes amoureux travaux, mais à peine ma belle commençait-elle à s'abandonner à la douceur du sentiment, que ses yeux découvraient soudain, à la lueur de la chandelle, un nouveau régiment de ces animaux et l'effroi qu'ils répandaient en elle, détruisait sur-le-champ l'effet que mes caresses avaient mis un long temps à provoquer, et elle exigeait aussitôt que je partisse en guerre contre cette vermine ! Et c'est ainsi que moi, qui ai chassé le taureau sauvage en la grande terre dans ma jeunesse, je me dus faire, par amour, chasseur de cancrelats !

J'enrageais contre cette si sotte frayeur et maudissais ces bestioles qui tant troublaient ma nuit de noce. En fin de compte, je ne pus contenir ma colère, et, me résolvant à utiliser la contrainte, je m'apprêtais à être heureux avec ou sans cancrelats, lors que ces maudits ivrognes qui ne cessaient de gueuler et de boire dans la grande salle, avertis sans doute par un d'eux qui sortit pour pisser, qu'il y avait de la lumière en notre chambre, s'en vinrent sous le balcon pour nous faire le plus infernal charivari du monde, sabbat d'enfer, cris d'animaux, et certains beuglaient cent choses blessant la pudeur et mille farces bien ordurières, tant et si bien que je n'y pus tenir, et, sautant du lit à la fenêtre :

— Par la mort bleue ! m'écriai-je, tas de marauds ! me faudra-t-il descendre et percer la tripe à quelques-uns d'entre vous pour mettre fin à vos gueulements d'ivrognes !

Et ce disant, je lâchai les deux coups de mes pistolets, ce qui les fit s'égailler en grande hâte dans la ténèbre, et mit point final à leur tintamarre.

Mais, pour ce faire, j'avais dû ouvrir la fenêtre. Il faut dire ici qu'il n'est point de vitres ni de verre aux îles d'Amérique, mais que toutes les fenêtres sont tendues d'étoffe bien fine, afin de laisser passer l'air et arrêter les insectes. Pendant mon discours il était entré un nombre prodigieux de maringouins qui, présentement voltigeaient alentour de ma belle, ce qui fit qu'elle se refusa résolument à montrer à mes yeux les charmes dont la nature l'avait comblée, ne le pouvant faire sans les exposer, du même coup, aux dards venimeux de ces bestioles.

On confessera que jusque là je n'avais que peu manqué de patience, mais je ne pus, pour lors, me retenir d'éclater :

— Or ça Madame ! Quelle foutue nuit de noce vous me faites là, avec toutes vos délicatesses et minauderies ! M'allez-vous long temps tenir en haleine ? et ma flamme devra-t-elle toujours reculer devant la fanfare de la bigaille [1] ou l'inoffensive parade de deux régi-

1. Bigaille : moustiques.

ments de blattes ? Vous aurais-je payée au Capitaine de ce bateau, comme vous l'avez pu voir, vingt cinq beaux ducats d'or de Castille, pour que vous me refusassiez vos faveurs sous un aussi chétif prétexte ?...

J'en eus dit bien davantage si je n'avais vu la donzelle, assise sur le rebord du lit, se répandre soudain en sanglots. J'ai toujours eu la faiblesse d'avoir l'âme sensible, et ne la puis empêcher de s'amollir à la vue des pleurs d'une femme, aussi fus-je assez sot pour changer aussitôt de ton.

— Mon cœur, lui dis-je d'une voix radoucie, je vous supplie de ne voir en mon emportement qu'en effet de l'impatiente ardeur que votre beauté allume en moi. Aussi bien puisque ces bestioles vous chagrinent tant, allons finir la nuit à mon bord. Si la vermine n'est point tout à fait absente de ma gabane et s'il n'est point impossible que vous y vissiez aussi rôder quelque cancrelat, du moins serez-vous hors d'atteinte des maringouins qui ne se risquent guère à plus de quelques toises de la rive. Or donc ma vie ! Séchez vos larmes, remettez votre cotte et venez !

Ainsi fut fait, passant par derrière le magasin aux vivres, pour éviter la grand'rue d'où s'échappaient les cris, chansons, rires de plus de quarante noces qui se fêtaient en tous les cabarets, je l'emmenai jusqu'à la cale où je pris mon canot et la conduisis jusqu'au *Jovial-Tiburon,* et, là, nous fûmes heureux jusqu'à l'aube sur un matelas de grelins lovés, car nous demeurâmes sur le gaillard. Tant chaud il faisait que nous y étions mieux, pour folâtrer, qu'enfermés sous le tillac qui était encore brûlant, car le soleil y avait donné bien fort tout le jour.

Ce qui advint par la suite vaut tout autant d'être conté.

Dès le lendemain je me mis en quête pour acquérir quelque belle habitation sur les hauteurs de la Fontaine, et j'achetai sur-le-champ, celle du défunt Lapierre, qui est la plus belle de toute l'île, après celle du Gouverneur, comme de juste. On appelait cette habitation : la Jardinière, tant les vergers qui l'entouraient étaient beaux, lors qu'ils étaient cultivés.

J'achetai trois noirs et engageai un cuisiner mulâtre, et nous nous y installâmes quatre jours plus tard.

Malgré l'opulence de cette demeure que je lui offris de mes deniers, je ne fus pas peu surpris d'entendre mon épouse s'opiniâtrer à se plaindre des maringouins. Pour ce qui est des cafards, je voulais bien lui répondre qu'elle n'en verrait point, mais où est le moyen d'empêcher les animaux qui ont des ailes, de monter le long d'une colline et d'entrer par les fenêtres ? Toutefois, tenant celles-ci fermées, elle voulut bien convenir qu'il y en avait infiniment moins qu'à la Rade, cependant ceux-là qui manquaient étaient grandement remplacés par les punaises dont nous trouvâmes les lits infectés ; mais elles, au moins, ne chantent point.

Comme je lui disais qu'elle devait s'être habituée à ces petites bêtes sur le bateau qui l'avait portée, n'y ayant point d'exemple d'un navire qui n'en logeât d'innombrables armées, elle me répondit qu'elle n'avait supporté ce désagrément que dans l'espoir qu'il n'était que passager et finirait lors qu'elle serait à terre.

Quant aux poux, je dois à la vérité de dire que c'est le seul animal dont elle ne paraissait point exaspérée, encore qu'elle en fut fort bien fournie, comme tout un chacun.

J'en ai assez dit sur le désagrément que me causèrent toutes ces bestioles durant mon idylle. Comme de juste, mon matelot Pulvérin vint au bout de dix jours à la maison, et je me retirai pour lors sur le *Jovial-Tiburon,* disant que j'avais à faire pour son entretien.

Je ne sus, lors que je revins à terre, si les amours de mon matelot avaient été tant troublées que les miennes par les insectes. Je ne me mêlai point à faire l'indiscret et me souciai peu de connaître les détails de l'emploi que fit Pulvérin de son temps tant qu'il fut à la maison, qu'il trouvait, lui, on ne peut mieux à son goût.

Ainsi, passâmes-nous trois mois qui eussent pu être heureux, si Madame mon épouse eût pu s'habituer à la vermine. Mais ce ne fut point le cas, et je ne vis point finir, sur ce chapitre, ses jérémiades. Lors que Pulvérin venait à terre, je lui cédai la place pour la semaine, après quoi il s'en allait à son tour dormir sur le brigantin.

Madame Le Golif avait pris en main le train de maison et on peut croire qu'elle y allait à grande guides. On faisait, là-haut, forte chère et grandes goulées, et, souvent, des amis et frères de la côte à souper qui ne s'en allaient que titubants et la nuit fort avancée. Aussi, dus-je bientôt prévenir Pulvérin qu'il était sage de ne point refuser de prendre part à la chasse-partie qui se forma contre la ville de Saint Jacques des Cavaliers, et qui eut pour chef un nommé Delisle. Nous tombâmes d'accord sur la nécessité d'aller au plus tôt remplir nos coffres de doublons espagnols. Le plus difficultueux nous semblait être de préparer Madame Le Golif à ce départ, laquelle nous montrait tant d'attachement, que nous étions tous deux assez stupides pour nous mettre en tête que nous allions, par là, lui briser le cœur.

Et, en effet, elle fit tant de pleurs, lors qu'elle sut la nécessité où nous nous trouvions de l'abandonner quelques semaines, que nous en fûmes tout amollis, et c'est fort chagrins que nous la quittâmes un matin pour mettre à la voile avec toute la flotte de la Flibuste. Nous la laissions bien pourvue de tout, maîtresse d'une belle demeure, entourée de la considération des gens de bien qui se trouvaient dans l'île, avec trois noirs et un cuisinier pour la servir, et des rideaux de fine mousseline, que j'avais achetés fort cher d'un Hollandais, pour entourer son lit et la préserver de ses petits ennemis.

Je n'entreprendrai point de raconter ici la prise de Santiago, n'étant point chroniqueur de mon état. Il suffit que l'on sache que nous ramenâmes à la Tortue le *Jovial-Tiburon* chargé de safran, draps fins et étoffes de soie, vins, cuirs, cochenille, salsepareille, indigo, jalap, huile et méchoacan. Nous étions dans le dessein de nous en aller en suite vendre le plus gros de cette marchandise au Petit Goave ou à Léogane pour en faire argent, ne gardant que quelques bijoux et trois balles de soiries pour notre belle, et quatre barils de vin des Iles pour notre usage. Mais nous avions bien de l'impatience, de revoir Madame, que nous pensions, tant les hommes sont niais, être dans l'inquiétude à notre sujet.

Lors que nous fûmes sous la pointe de la Souris, il nous vint un calme qui nous fit perdre l'espoir de pouvoir mouiller à la Rade avant le lendemain. Vers la minuit, nous dûmes laisser tomber l'ancre à moins de deux lieues marines de la Roche et à moins d'une lieue de la Jardinière. C'est pour lors que Pulvérin, qui ne se tenait plus, sauta avec mon consentement dans le canot, avec quatre hommes solides aux avirons, pour s'en aller premier dire le bonjour à mon épouse et la prévenir de mon arrivée qui ne pouvait être que sur le matin.

Il en fut bien ainsi en effet, et la brise de l'est qui se leva avant l'aube poussa le *Jovial-Tiburon* suffisamment pour que nous pussions mouiller devant le bourg de la Rade peu avant le soleil levé.

On peut penser que je fus sans tarder à terre, et prompt à gravir le sentier qui, par la Fontaine, monte jusque à la Jardinière.

Ce que je trouvai chez moi ne fut point ce que j'attendais.

Je vis d'abord deux de mes noirs qui étaient devant la porte du jardin, levant les bras au ciel et en proie à une sorte de frayeur qui les mettait hors d'état de prononcer un mot. Je ne m'attardai point à les faire parler et allai jusqu'à la maison, où je montai droit à la chambre.

Là, je vis, à côté du lit, mon épouse étendue nue et trépassée. A deux pas d'elle, et dans le même indécent équipage, était le corps d'un jeune vaurien bien connu dans toute l'île pour un débauché et un fainéant. Tous deux étaient lardés de coups d'épée et en avaient reçu assez pour faire périr un régiment.

Je ne fus pas long à comprendre que Pulvérin, survenant dans la nuit, avait surpris la garce et ce coquin en ignoble et amoureux commerce, et, prompt comme il était à la colère, il avait aussitôt fait justice.

En ce moment-là, Monsieur d'Ogeron était fort sévère sur le chapitre des crimes. Pulvérin donc, pour échapper, tant à la question qu'à la potence, ne put que fuir au plus tôt, ce qu'il fit sans aucun doute, car je n'ouïs plus jamais parler de lui. Je crois qu'il trouva le moyen de passer avec les Flibustiers anglais de Morgan.

Cela fit que je perdis du même temps et mon épouse et mon matelot. Pour la première, on peut penser que je me consolai aisément d'être débarrassé de pareille pute, quant au second, je le regretterai toute ma vie durant. Il était brave au combat jusqu'à la témérité, loyal en toutes circonstances, fort habile à soigner les fièvres ce dont il tenait le secret des Indiens de Yucatan, bon joueur d'échecs et n'avait pas son pareil pour tirer juste au fusil. C'est le seul que j'aie vue capable de couper d'une balle une pièce d'argent jetée en l'air, et cela sans jamais manquer son coup.

VIII

La pucelle de Maracaye

Je ne fus amoureux qu'une seule autre fois en ma vie et n'eus pas l'heur de l'être longtemps. Ce fut à la prise de Maracaye. L'affaire terminée, je regagnai mon bord, commençant à sentir lourde fatigue, car, depuis la semaine, j'étais à l'action sans en démordre ni de jour ni de nuit, et laissant les nôtres gaspiller et saccager tout à leur saoul, je descendais vers le lagon, suivi de mes deux noirs, lors que je vis sortir tout soudainement à quelques pas de moi, d'une maison de belle apparence, une fille éplorée qui cherchait à échapper à deux grands diables de nos flibustiers, tout suants et barbus. Ils ne furent pas longs à la joindre et à la coucher sur la terre et entreprirent aussitôt sur elle des choses que la décence m'empêche de dire ici, lors que je vis qu'elle était toute jeunette et fort belle. De ma vie jamais mes yeux ne posèrent leurs regards sur peau plus fine ni visage aussi délicat. Pour l'instant le dit visage, sur lequel se peignait et l'effroi et la honte, et que d'abondants sanglots ne parvenaient point à enlaidir, était dans la poussière, et il me parut si touchant que me vint, je n'ai point à m'en défendre ici, un certain sentiment de pitié. J'ose dire aussi que me déplut bien fort et tout soudain, l'idée que si jolie fleur était sur le point d'être cueillie par si vilains et lourdauds sangliers, ce pourquoi j'intervins aussitôt, et fis cesser le jeu. Le plus hardi se releva en rajustant ses braies, et, rendu tout incarnat, tant par la lubricité que par la colère, me dit que je me mêlais d'une affaire où je n'avais pas à regarder, que le pillage était permis par notre chef à tous, l'Olonois, et, avec le pillage, aussi ce qui s'ensuit, tant de forcer les femmes que les coffres. A tout cela, je n'avais, autant le dire, rien à répondre, car ce n'était que le vrai. Aussi bien me gardai-je de me répandre en vaines palabres et avocasseries, et, sortant sur-le-champ les deux pistolets que j'avais à la ceinture, j'en lâchai les deux coups, en guise d'arguments, le premier dans le nez de ce drôle et le second dans celui de son compère, ce qui m'évita tout discours et termina la querelle le mieux du monde. Après quoi je regardai la fille, qui s'efforçait de rajuster sa cotte déjà toute déchirée. Elle s'agenouilla en pleurant à mes pieds, me baisant les mains, m'appelant son sauveur en sa langue castillane, disant que j'avais préservé son honneur qui lui était plus précieux que la vie. Je la relevai le plus galamment que je le pus, et, ôtant le chapeau, tout comme j'aurais fait devant une grande dame, je lui fis comprendre que je n'avais point agi autrement que doit faire tout homme de cœur en pareille conjecture. Tant et tellement belle elle était, que je pensai la faire saisir sur l'instant par mes noirs et porter à mon bord, me flattant que, par la suite, la reconnaissance la pourrait porter à quelque sentiment tendre à mon égard, dont je pourrais sans doute tirer grande félicité, mais, dans le même temps, l'orgueil naturel à un cœur généreux me poussait à faire le gentilhomme et à lui laisser la liberté. Je dois avouer que je balançai un temps sur ce que j'allais faire de cette fillette qui n'était peut-être même point encore pubère. Ce fut elle qui me vint tirer d'embarras, m'implorant de ne la point abandonner, étant désormais seule au monde, tous les siens venant d'être égorgés par les deux cruels dont je l'avais délivrée, et certaine qu'elle était de ne pouvoir éviter le malheur de retomber bientôt, derechef, en d'autres mains tout aussi barbares. Je n'eus donc besoin de lui faire aucune contrainte pour qu'elle me suivît jusqu'à mon canot où je l'embarquai avec moi, lui ayant assuré que, durant le sac de la ville, il n'y aurait de refuge pour elle qu'à mon bord, et que, là seulement, je pouvais répondre d'elle et de son honneur, et cela n'était que vérité.

Voyant avec moi si jolie enfant, quelques-uns de mes gens eurent des sourires qui ne me plurent point. Un d'eux s'enhardit même jusqu'à me vouloir féliciter, mais un éclair de mon regard suffit pour arrêter ce goujat, et faire envoler la gouaillerie de tous les visages.

Nous voguâmes bientôt vers le *Jovial-Tiburon.* Nous éloignant de la rive, nous vîmes, de-ci de-là, les fumées de plusieurs incendies, et, sur la gauche, un petit fort où quelques Espagnols s'étaient retirés et tiraient le canon sur un gros parti des nôtres qui les attaquaient par le côté de la ville. C'est le moment que la jeune personne choisit pour tomber en pâmoison. Comme je l'avais fait asseoir sur le banc arrière, à mes côtés, c'est autant dire dans mes bras qu'elle chût bien doucement, ce qui ne laissa pas de me causer certain trouble. On eût dit d'un ange que le ciel m'eût envoyé et c'est de juste si j'osai toucher ce corps si léger et frêle pour l'étendre au fond du canot. Je la ranimai avec quelques écopes d'eau dans le visage et, quand elle rouvrit les yeux, ce fut pour me remercier fort civilement de ma bonté.

Pour son malheur et le mien, je l'aidai à se lever et à

s'asseoir de nouveau sur le banc. J'en étais à contempler ses traits qui me paraissaient avoir été modelés en Paradis, que, sans que j'y entendisse goutte sur le moment, un heurt me fit fermer les yeux, et, lors que je les rouvris, je vis que cette tête d'ange, qui, l'instant auparavant, faisait mes délices, n'était plus à sa place sur le corps. Ayant été jeté sur le plat bord, celui-ci retombait à présent bien lourdement dans le fond, où il était tout à l'heure et cela sans que personne au monde ne le pût jamais plus ranimer. Et je vis que j'avais été tout éclaboussé de sang mêlé de cheveux et de menus débris d'os et de cervelle, tant et tellement que mon justaucorps en demeura tout gâté et ne put jamais être nettoyé. Je ne fus pas long à comprendre qu'un de ces foutus fesse-mathieu de canonniers espagnols qui tiraient depuis le fortin, avait lâché son coup tant sottement que son boulet, passant bien au-dessus du but qu'il visait, était venu tout droit frapper la tête de mon ange, tout juste comme bille d'enfant vient buter une autre bille, et j'avais là, sous les yeux, le beau résultat de tant de maladresse !

Je laisse à penser que mon sang ne fit qu'un tour :

— Sacré tonnerre ! Sciez ! m'écriai-je, et, mettant toute la barre à bâbord... Garçons, nage à terre !...

J'étais dévoré d'une rage qui ne se peut dire. Mon timonnier se voulut approcher de moi pour s'enquérir si je n'étais point blessé. Je le renvoyai à sa place d'une taloche. Il ne nous fallut pas bien du temps pour nous approcher de cette redoute où ces singes tiraillaient toujours de leurs maudits canons, et nous vînmes accoster du côté opposé à celui où les nôtres les attaquaient, cela, non sans qu'ils fissent sur nous un feu nourri de mousqueterie. Mais comme, présentement, ils nous ajustaient, nous étions bien en sûreté.

Je sautai sur la rive en clamant :

— Que ceux-là qui ont de la tripe au ventre me suivent !

Je dois à la vérité de dire que tout mon monde laissa le canot et marcha sur mes talons, y compris mes deux noirs, ce qui faisait neuf en tout et pour tout, et, comme armes, seulement leurs couteaux. Moi-même n'avais que mon épée, ayant négligé de recharger mes pistolets. Mais j'avais aussi ma fureur, laquelle était pour lors arme plus redoutée et crainte, d'un bord à l'autre de la mer Caraïbe, que les plus gros canons du monde et le tonnerre du Seigneur Dieu.

Leur rempart n'était fait que de gabions, et n'avait guère plus de sept pieds de hauteur. Il fut escaladé en moins que rien, mes nègres m'ayant fait la courte échelle. Je tombai avec mon épée comme un Saint-Michel au milieu de ces maudits, criant : Tue ! Tue ! crevant les panses et leur mettant les tripes au vent, et les lardant de tous côtés, ne faisant ni quartier ni grâce, tant et si bien qu'ils ne surent bientôt plus que tomber à genoux tout éperdus de terreur, d'autant mieux que, profitant de la diversion que nous avions faite, le brave Capitaine Julien et son monde, qui donnaient l'assaut du côté de la ville, comme j'ai dit, étaient aussi entrés dans l'ouvrage.

Ce fut Julien qui m'arrêta :

— Eh quoi ! Borgnefesse, me dit-il, tu te fatigues à égorger tout ce monde. Leur Enseigne est en bas et je te vois plus sanguinaire qu'un Turc ! Pour l'amour de Saint Julien mon Patron, cesse de faire ainsi le boucher !

— Soit, lui répliquai-je, Julien, je t'écoute. Vie sauve à tous, hormis aux canonniers. Pour ceux-là laisse-les-moi, pour affaire personnelle que j'ai à régler avec eux !

Il y avait là douze canonniers qui servaient deux méchantes pièces sur lesquelles je ne pouvais jeter mon regard sans frémir de rage. Laquelle de ces ordures de fer avait si bien travaillé tout à l'heure, et lequel de ces bougres, déjà plus morts que vifs, que je fis ranger au long du parapet, avait lancé si malencontreusement son boulet !

— *Sangre de Dios!* leur dis-je en jargonnant leur castillan maudit, des canonniers cela ? Que non pas ! L'un de vous a fauché une vie mille et mille fois plus précieuse que toutes vos sales peaux de chiens galeux ! Je vous veux tous crever sur-le-champ ! Julien ! Prête-moi ton sabre !

— Qu'en veux-tu faire ?

— Prête-moi ton sabre, te dis-je !

Et, l'ayant bien en main, je fis voler les douze têtes l'une après l'autre et à grands coups.

Après quoi, ma fureur un peu apaisée, je revins vers le canot où gisait ce qui restait de cet ange, que je n'avais secouru que pour le conduire au trépas.

Je demandai à mes hommes, avec des pelles que l'on trouva dans le fort, de creuser dans le sable, bien au-dessus du niveau des eaux, une fosse bien profonde pour y déposer la pauvre dépouille sans tête. Je la portai moi-même en mes bras et la disposai au fond de la fosse, et elle était bien légère. Lors que je ramenai sur le sein les vêtements souillés du sang qui déjà se figeait, il y en eut un qui vit une petite croix d'or qu'il voulut prendre.

— Tripe Dieu ! lui dis-je, n'as-tu pas honte ni vergogne aucune ? Laisse où elle est cette croix ou prends garde à ta vie !

Mais ne voilà-t-il pas qu'il s'avisa de répliquer et plaider, osant avancer que c'était bien grande sottise que d'être venu de si loin pour piller Maracaye, et de s'en aller enterrer une croix pendue au col d'une petite guenon castillane, laquelle croix pesait pour le certain plus de dix onces, et, étant bien travaillée, valait pour le moins trois ducats.

Il en aurait dit davantage si je ne lui eusse donné un coup de rapière qui le perça du téton jusqu'à l'épine du dos, ce dont il trépassa sur-le-champ. Me tournant alors vers les autres :

— Vous voyez là ce qui arrivera à tout un chacun qui sera assez hardi pour oser aller contre ma volonté, leur dis-je, trouvez ailleurs de l'or et des bijoux. Pour cette croix, elle demeurera là où elle est, sur cette pucelle, dussé-je vous donner à tous du fer dans le ventre, comme j'ai fait à ce jean-foutre !

Et ils se tinrent cois. Je leur ordonnai pour lors de combler la fosse, ce qu'ils firent avec silence et respect.

En suite de quoi ils en voulurent creuser une autre pour leur compère, et je ne crus pas devoir m'y opposer, mais je voulus qu'ils l'y missent la face contre terre, comme traître et félon, et vilain bougre de cochon pourri.

Ayant rejoint mon bord, je fis bâtir par mon maître de hache, une belle et forte croix de chêne sur laquelle je ne pus mettre aucun nom, et je revins le lendemain en ce lieu pour la planter moi-même et bien solidement, sur la petite tombe. Et, l'ayant fait, je m'agenouillai et fis longue prière pour que Notre-Seigneur voulût bien accueillir cet ange et son Saint Paradis, et mon oraison, preuve de sa sincérité, fut soudain arrosée du flot de mes larmes que je ne pus empêcher de couler, et qui sont bien les seules que j'aie jamais versées de ma vie.

Je ne pus demeurer là tout le temps que j'eusse voulu, pour ce que l'air y était tout gâté par forte puanteur et les mouches. Cela venait des dépouilles des Espagnols qui étaient dans le fort, tout à côté, toujours bras en croix et ventres ouverts, et y pourrissaient gentiment sous le soleil. Partout, en le pays, était le même parfum dont on ne pouvait soutenir l'odeur, si bien qu'il ne tarda point à nous venir une sorte de peste, et qu'il nous fallut quitter la ville au plus tôt.

IX

Histoire de Forlicar

Je ne veux point manquer de conter ici cette histoire, à seule fin de donner un exemple tendant à montrer que la justice de Dieu ne tarde jamais à s'appesantir bien lourd sur tous ceux-là qui sortent du droit chemin.

Cette histoire est celle d'un nommé Forlicar, jusque là, honnête flibustier et très excellent homme de mer.

Lors du sac de cette même ville de Maracaye, il s'était logé en la demeure d'un riche marchand de cacao, lequel avait trouvé le temps et le moyen, comme beaucoup d'autres, de fuir avec tous les siens et ses écus, de l'autre côté du lagon.

Forlicar était donc un soir, en cette belle demeure, fort occupé à bien boire et se nourrir, que son nègre domestique le vint prévenir qu'une personne du sexe le voulait entretenir. L'ayant fait entrer, il se vit en présence d'une mulâtresse de la plus grande beauté, qui aurait bien pu l'emporter sur les plus belles femmes de l'Europe, si la couleur de la cendre le pouvait disputer à celle des lys et des roses. Et je n'en parle point par ouï-dire, l'ayant bien connue ainsi que Forlicar. Elle lui dit qu'elle était fille d'une esclave d'un haut personnage dont j'ai oublié le nom, vieil homme débauché et cruel qui même était peut-être son père, qui l'avait souillée auparavant qu'elle fut pubère, et, pour ce faire, n'avait point eu honte de l'y contraindre par le fouet. Et, par ce moyen, il l'avait, dans la suite, amenée à être docile à ses plus vilains caprices, lui enseignant toutes les choses les plus dégradantes, qui ont été inventées par les putains et les putiers pour aiguiser la volupté. Cette fille avait voué à ce paillard et sénile tyran, la plus grosse rancune qui se pût voir, et dit que, sachant où il s'était allé cacher, elle se voulait bien venger de lui, en révélant aux flibustiers le lieu, qui n'était point très éloigné, où ils le trouveraient lui et ses richesses.

Forlicar était homme assez cupide pour ne point laisser échapper l'occasion. Il partit donc sur-le-champ, avec une dizaine de ses meilleurs lurons et la donzelle pour les guider. Ils parvinrent avant la mi-nuit à une habitation qui se trouvait à quelque deux lieues dans les terres, et se saisirent du personnage avant qu'il eut eu le temps de sauter hors de son lit.

Interrogé par Forlicar, qui ne s'intéressait qu'au trésor, il ne voulut d'abord, même sous la menace du pistolet, dire où il le tenait celé. Les flibustiers étaient à balancer pour savoir s'ils allaient ou non lui donner la gêne, lors que la fille assura qu'elle saurait bien trouver le moyen de le faire parler. Sur quoi, elle demanda aux aventuriers qu'ils le voulussent bien attacher de plat ventre sur une grande table qui se trouvait là, après lui avoir ôté la chemise, qui était le seul vêtement qu'il portait, ayant été surpris, comme j'ai dit, avant le saut du lit.

Quand ce fut fait, elle s'arma d'une forte courroie de harnais, avec boucle de fer, qu'elle alla quérir à l'écurie, et commença de lui donner si belle correction, tant sur le dos que plus bas, qu'il ne tarda point à crier qu'on arrêtât et qu'il conduirait là où il avait enfoui ses cassettes. Une fois délié, il mena, tout meurtri et gémissant, Forlicar, sa bourrelle et les autres, jusqu'à un lieu, proche de la maison, où on eut tôt fait, avec des pelles, de déterrer trois coffres emplis de doublons d'or et d'argent, et un autre, de précieuses perles et pierres. Après quoi, la fille demanda qu'on égorgeât le vieillard, mais Forlicar, qui n'était point, pour lors, tant endurci comme il le devint par la suite, ne le permit point. Ayant le trésor, il n'en voulait point davantage. On prit deux ânes et une mule qui étaient à l'écurie, on chargea les coffres sur le dernier animal, et les deux autres servirent à la belle et à Forlicar pour regagner Maracaye sans fatigue, où la petite troupe revint bien avant la fin de la nuit que Forlicar utilisa à s'assurer que la drôlesse était fort experte aux amoureux travaux et il trouva que, si elle avait eu sévère professeur, celui-ci avait su être aussi un magister bien savant. Et les jours qui suivirent furent consacrés par lui à godailler et forcener tout son saoul avec cette paillarde, en lieu que de venir avec nous pour réduire la ville de Gibraltar, comme il l'eût dû.

Quand il fallut quitter le pays, la garce se jeta aux pieds de son nouvel amant, le suppliant de ne la point abandonner à Maracaye, où son maître, une fois revenu, ne pouvait manquer de se venger bien cruellement d'avoir été si bien trahi et battu ; et Forlicar eut la faiblesse de céder à ces raisons et d'embarquer la guenon sur son brigantin.

Or, elle était tant adroite en caresses, que Forlicar ne tarda point à prendre grand goût à tout cela et d'être grandement embrasé de paillardise, aussi bien de jour que de nuit. Et bientôt, cette diablesse prit par là, sur lui, tel empire, qu'il en vint à débaptiser son bateau pour l'appeler l'*Ange-Noir,* par amour de cette salope

Tout comme César fut arrêté sur le chemin de la gloire par la putain Cléopâtre, et Renaud enchaîné par les embrasements d'une autre royale catin nommée Armide, Forlicar cessa pour lors de bien faire, tout embrasé par le feu qui le consumait pour cette brune et chaude femelle. Elle le mena à être l'homme le plus impiteux de toutes les Amériques et l'encouragea à punir les plus menues fautes qui se pouvaient faire à son bord, en faisant fouetter au sang les coupables, se plaisant fort à voir exercer sur d'autres le supplice qu'elle avait connu jadis.

Lors que cela se sut, Forlicar ne put bientôt plus trouver, en guise d'équipage, que les plus forbans et vauriens des aventuriers. Et dans toutes les îles, les gens appelaient l'*Ange-Noir :* le bateau du capitaine Fouettard. Il vint de là grosses mutineries que Forlicar ne manqua point d'étouffer dans le sang, ne se cachant point d'y prendre joie, en suite de quoi il s'enfermait avec sa ribaude en sa gabane pour boire encore et s'immerger avec elle dans l'ordure.

Et lors qu'il paraissait en quelque cabaret ou taverne, il répandait la terreur, pour ce que, lors qu'il était ivre, ce qui était autant dire tous les jours, il venait à être homme plus farouche que bête sauvage, cherchant noise à tout un chacun, sauf à moi. Et, dans les rixes et disputes qui s'en suivaient, n'hésitait point à jouer vilainement du sabre, du couteau ou du pistolet, si bien qu'on le tenait partout en grande haine et méfiance.

Ils devinrent tant endurcis, que, lors qu'ils capturaient des Espagnols, nation qu'elle avait en grande détestation, ils les faisaient périr martyrs. Elle entraîna son furieux ruffian en lourde cascade de débauches de plus en plus ignominieuses. Forlicar fut, pour lors, travaillé d'un tant exécrable et luxurieux appétit qu'il arriva à être le plus grand putier et bourreau qui fût au monde. Il m'a été dit qu'il faisait fouetter, ou le faisait lui-même, toutes les femmes et filles qu'il pouvait attraper en ses descentes sur les côtes, jusqu'à ce qu'elles cédassent et se donnassent à lui.

On est même allé jusqu'à raconter que, quelquefois, il les faisait ensuite dépecer vivantes par un des siens qui avait été boucher, après quoi on faisait rôtir les morceaux et ils en faisaient leur repas. Mais, cela, il se peut que ce soit du roman, pour ce qu'on ne prête qu'aux riches. Le vrai est qu'ils en étaient venus à être, lui, le plus méchant bougre, et elle, la plus mauvaise bougresse qui se pussent trouver sur cette terre. Et, même entre eux, lors qu'ils étaient pris de boisson, éclataient souvent si grosses et si vilaines querelles qu'on pensait partout que l'un finirait un jour par avoir la peau de l'autre.

Je revenais de course lors qu'un matin je vis, à douze lieues dans le sud de l'Ile à Vache, un bateau qui faisait navigation singulière, allant dans le vent jusqu'à faire chapelle, pour revenir en travers et, sitôt pris quelque vitesse, remettre le cap au vent et recommencer sans fin ce manège. M'étant approché, je le reconnus pour être l'Ange-Noir et, étant venu fort près, je les hélai au braillard, sans recevoir réponse aucune.

Pensant que tous étaient ivres à mort, pour laisser le navire aller ainsi seul sur la mer, et connaissant Forlicar et son monde, je voulais reprendre ma route, lors que mes gens, étant de cœur compatissant, me remontrèrent qu'ils étaient Frères de la Côte comme nous l'étions, et qu'il se fallait auparavant assurer qu'ils n'avaient point besoin d'aide. Je fis donc mettre en panne, et, dès l'embarcation à la mer, je fus à leur bord.

Sitôt monté sur le tillac, je ne vis aucun homme ni être vivant. C'était partout le désert, et la chaloupe n'était plus à son poste. Etant incommodé par forte puanteur qui venait de la chambre, j'allai jusque là et j'y trouvai Forlicar. Il était sans vie, attaché des quatre membres à la table et les fesses en l'air, la peau déchirée jusqu'à la chair nue par tant de coups qu'il y avait reçus. Je pus supputer que ses gens en révolte, aidés sans doute par la donzelle, s'étaient fait justice, et qu'après s'être bien vengés de ce cruel, ils avaient quitté le bateau dans l'embarcation pour gagner la grande terre espagnole de Saint-Domingue. Pour finir, on lui avait mis sa propre épée dans le cul, et enfoncée jusqu'à la coquille, et si loin que la pointe en sortait par l'épaule.

Quant à la pute, le Diable sait seul ce qui en est advenu.

Il devait y avoir un temps de cela, car le bougre charognait si fort que je le fis sans tarder jeter à la mer, où les tiburons s'en régalèrent, étant friands de viande pourrie, et je ne me crus pas obligé à faire pour lui quelque prière, le jugeant inutile, car, pour qu'il ne s'en fût point allé tout droit chez Satan, il faudrait que l'Enfer n'existât point.

Je mis un équipage de prise sur le bateau que je ramenai de conserve avec moi jusqu'à Léogane, où tous les gens de bien s'amusèrent fort, lors qu'ils apprirent, de ma bouche, comment avait fini cette bête féroce.

X

Comment je perdis le « Jovial-Tiburon » et aventure que j'eus avec la belle femme du notaire royal de Pancorbo de Indias

Nous étions depuis deux jours dans Pancorbo et y attendions le paiement de la rançon demandée, tant pour la ville que pour les prisonniers, lors que nous fûmes avisés, par deux nègres marrons [1], que les Espagnols, en lieu que de nous la porter, arrivaient à marches forcées de la ville voisine de Chiriqui, avec quatre mille hommes de troupes régulières, dont cinq cents cavaliers et quatre pièces de canon. Ils étaient fort pressés de nous surprendre et venaient si vite qu'ils étaient déjà à moins de quatre lieues.

Nous n'eûmes que bien peu de temps pour rallier notre monde, sur l'ordre de notre Général, qui était le fameux Laurent de Graff, et nous embarquer, en emmenant pour nous servir d'otages, tous les prisonniers que nous avions faits. Cela, pour nous retirer en la petite île

---

1. On appelait nègres marrons, des esclaves qui s'étaient échappés et vivaient, à l'état presque sauvage, loin des villes, dans les savanes ou les forêts.

de las Cuernas, ou des Cornes, qui n'est qu'à cinq lieues en mer, et y attendre la rançon que nul d'entre nous ne se souciait d'abandonner.

Tous mes gens étaient au pillage, dans les caves des maisons ou dans les cabarets, lors que cet ordre me vint. J'étais moi-même à me laver la gorge avec mon second Capitaine et matelot Le Bègue et quelques autres amis, en la plus belle hôtellerie du lieu, profitant de ce que le tenancier de cette gargote était prisonnier avec les autres, pour user de ses vins à discrétion. Je fus avisé, en même temps, que j'avais à prendre avec moi septante trois otages sur mon brigantin, les autres devant être répartis sur les autres bâtiments de notre flotte.

Il fallut plusieurs heures pour embarquer tout ce monde. Le pourquoi en était que la plus grosse part de mes bonshommes avaient la cervelle un peu embrumée par le boire, et que la mienne, comme celle de Le Bègue, n'était point non plus, pour lors, bien claire. Cela ne m'empêcha point de distinguer, parmi les prisonnières, une belle femme qui avait le pied tout menuet, et qui était avec un gros bourgeois que je présumai être le mari. Tout cet embarquement, joint à celui des vivres, ne se put opérer sans quelque confusion et il y eut deux vaches et une femme noyées, pour ce qu'une embarcation se retourna.

Le soleil n'était pas loin de tomber, lors que nous pûmes mettre à la voile avec tout ce chargement qui encombrait notre tillac. Le vent était faible, mais portant, et, pour commencer, nous poussa doucement vers le sud. Le soir vint lors que nous étions à une demi-lieue de la pointe Nord de l'île des Cornes, et là, le vent s'arrêta tout à fait de souffler. La première partie de la nuit coula dans la plus parfaite quiétude. J'étais en ma gabane, où je dormais profondément, ce qui est un effet que me produit toujours le bon vin, lors que je fus éveillé par un grand bruit que je connus sur-le-champ pour être celui d'une tempête qui éclatait, ce qu'elles font tout soudainement en ces régions. Celle-là nous venait du Nord. Je fus bientôt sur le tillac pour faire serrer toutes les voiles, hormis la misaine et le tourmentin, cela pendant que Le Bègue passait mes ordres au timonier. Ils étaient de porter le cap au Sud-Ouest. Ce fut l'infirmité qui valait à Le Bègue ce sobriquet, et qui s'augmentait lors qu'il n'était point à jeun, qui causa notre perte, car il cria au timonier d'aller au Su-Sud-Ouest, ce qu'entendant, cet homme crut bien faire d'aller au Sud-Sud-Ouest, ce qui n'était point la bonne route. La ténèbre était tant épaisse qu'il ne se pouvait rien voir des autres bateaux, lesquels, étant partis avant nous, pouvaient bien être déjà arrivés à l'île. Les bêtes qui étaient sur l'avant commençaient de choir les unes sur les autres, à se casser les pattes et à beugler et gémir. Les femmes et les enfants des Espagnols criaient et invoquaient la Madone et tous les saints d'Aragon, de Castille et du Paradis. L'ouragan vint à être d'une violence effrénée et nous arriva, toute drue, une grosse giboulée de pluie qui empestait le soufre et le fréchin. On eût dit que tous les diables de l'Enfer dardaient leur mounilles pour nous arroser de leur puante urine et ouvraient, tous à la fois, leurs larges fesses pour nous pousser du vent de leur cul. Le bateau allait sur les vagues comme cheval ayant pétard au derrière. Il ne passa pas beaucoup de temps avant que nous entendissions un grand fracas et raclement sous notre quille et le brigantin s'arrêta si soudainement que le mât de misaine en fut brisé tout net. Il chut heureusement dans la mer, n'écrasant, par là, que peu de monde et trois cochons. La pluie s'arrêta tout aussi soudainement qu'elle était venue, et parurent des éclairs si forts et rapprochés qu'on y put voir aussi bien qu'en plein jour, accompagnés des éclatements d'un tonnerre épouvantable.

Je ne fus pas long à penser que nous venions de donner sur la pointe Nord de l'île. Je n'en sus que le lendemain le pourquoi.

De grosses vagues venaient frapper notre poupe et couvraient de leur écume tout l'arrière du bâtiment, tant qu'il fallut bien que tout le monde s'entassât sur l'avant avec les bêtes. Se croyant à l'heure de périr, beaucoup de ces pauvres gens commencèrent de réclamer la confesse. Mais il n'était point d'homme d'église sur notre bord, si ce n'est un petit séminariste qui, n'étant point encore ordonné, n'avait pas plus que moi le pouvoir de distribuer les absolutions.

Je ne sais si c'est lui qui cria qu'en pareille extrémité, la confession auriculaire n'était point nécessaire, et qu'il suffisait à tout un chacun, de confesser à haute et intelligible voix, avec un repentir sincère et devant tous, les péchés qu'il avait commis, pour qu'il en soit absous sur-le-champ.

Aussitôt un vieil homme à longue barge, que je sus plus tard être le Corrégidor de Pancorbo, s'étant agenouillé, clama que, depuis des années, il prévariquait. Entraînés par cet exemple, il furent bientôt tous sur leurs genoux, à vomir la liste de leurs iniquités, impudicités, turpitudes, crimes, ignominies, fornications, adultères, vols, viols, incestes, vices infâmes et pestilentieuses immondices, et ce répugnant concert avait, en guise d'accompagnement, les hurlements des porcs.

C'est pour lors que me vint la curiosité de trouver, parmi tous ces pénitents, la belle femme que j'avais vu embarquer. Je la cherchai à la lumière des éclairs.

Je la vis bientôt, à côté de son mari qui en était à

avouer qu'il avait engrossé trois négresses, tandis que sa femme qui ne voulait, non plus que lui, aller à l'Enfer, était toute pâmée de sanglots et suppliait Notre-Seigneur Jésus-Christ de lui bien vouloir pardonner si elle s'était laissée aller à cocufier son époux avec, premièrement, un Père Jésuite, son confesseur, et, secondement, avec un petit commis de son mari.

Ce qu'entendant, le dit mari, suspendant tout net sa propre confesse, se mit debout, demeura un temps stupide et, enfin, comme saisi de démence, se jeta sur sa femme avec grands coups de pieds dans le croupion, le visage et ailleurs, l'appelant salope, chienne en chaleur, lourdière, pute, gouape et forcenée bordelière. J'arrivai à point pour empêcher qu'il l'assommât. Mais ce ne fut point petite affaire que d'arrêter le cours de sa fureur. Je tentai de le tirer par le fond de sa culotte, mais elle ne put soutenir mon effort et me resta dans les mains, en sorte qu'il me montra tout soudain ses fesses, où je fus généreux de coups de bottes, ce qui le fit enfin se retourner, mais, si coléreux, que je dus tirer mes pistolets de ma ceinture et les lui mettre sous le nez pour le calmer. Je pus alors relever galamment la dame qui se frottait les côtes et plus bas et larmoyait comme fontaine. La tempête en était à s'apaiser. En ce pays, les orages, pour violents qu'ils soient, ne durent guère. Le *Jovial-Tiburon* se tenait tout droit sur sa quille sans plus bouger que baraque sur terre ferme, et l'aube commençait à venir. Je vis qu'il n'était point de danger pour l'heure, le brigantin étant assez fortement bâti pour être à même de résister à l'assaut des vagues, qui, au demeurant s'adoucissaient, tout comme le zèle des pécheurs, qui après s'être tant repenti de leurs fautes, en étaient à se repentir de l'avoir fait si haut.

J'étais sur l'avant, y ayant retrouvé Le Bègue et lui

donnant mes ordres, que j'ouïs derechef, grandes clameurs. C'était ce forcené cocu qui revenait à assommer son épouse. Cette fois je tirai l'épée et lui en donnai de petits coups de pointe dans son derrière ce qui suspendit sa fureur. Après quoi j'offris mon bras à la dame, et la conduisis jusqu'à ma gabane que je trouvai envahie par les eaux. Je me résolus néanmoins à l'y enfermer à double tour et mis la clef en ma poche, ne voyant point d'autre moyen pour la mettre hors d'atteinte de ce brutal, car je ne pouvais demeurer auprès d'elle pour la garder ; il me fallait retourner faire mon rôle de Capitaine.

Le soleil, qui déjà se levait, éclairait la rive qui était basse, ce pourquoi on ne l'avait pu voir dans la ténèbre. Elle n'était éloignée que de quelques toises. Je vis aussi que le niveau de la mer étant baissé avec la marée, l'eau tout alentour était peu profonde et je fis réflexion, avec bien du chagrin, qu'on ne pourrait jamais relever le brigantin de là, d'autant mieux que les fonds en étaient assurément crevés.

Ayant fait descendre par l'échelle de bâbord un de mes hommes, il prit pied sur le sable sans avoir de l'eau plus haut que les tétons. Je vis pour lors, qu'il ne serait pas plus difficultueux de descendre du bateau que d'une voiture, à cela près que, pour ce faire, il faudrait prendre un bain. Je craignais bien un peu les tiburons, mais il n'en parut point.

On commença d'aller à terre, les hommes portant les femmes et les enfants. Quand ce fut fini, le cocu, qui était demeuré dernier, me vînt prier, avec beaucoup de civilité, de lui bien vouloir rendre sa femme. Comme il me paraissait apaisé, j'y consentis, mais non sans l'avoir fait jurer par le Christ qu'il ne se laisserait plus aller à porter la main sur elle, sous peine d'avoir affaire avec mes pistolets. Ayant dit, nous allâmes chercher la belle que nous trouvâmes dans les sanglots, toute mouillée et ses vêtements lui collant au corps, ce qui me permit de voir qu'elle l'avait beau. Ils allèrent à terre tous les deux, lui la portant en ses bras, et quand ils l'eurent fait, je m'occupai de tout ce dont doit s'arranger le maître d'un navire après un naufrage, à savoir : sauver ce qui peut l'être des vivres, armes, munitions et autres choses.

Les prisonniers étaient en troupeau sur la rive à se sécher au soleil qui, l'orage dissipé, brillait en montant vers le zénith du ciel. Ce ne fut pas petite affaire que de débarquer le bétail. Il le fallut jeter dans la mer où il se débrouilla à la nage, il n'y eut que peu de pattes de cassées. Un peu avant la méridienne j'en étais à faire enlever par quatre hommes mon coffre de bord qui était fort lourd, lors que je vis un gros tumulte parmi les prisonniers groupés sur le rivage. C'était mon jaloux qui ne se pouvait empêcher de revenir à corriger son épouse. Je fus vite à terre, et j'eus le bonheur d'arriver à temps pour arrêter un crime. Malgré tous les autres qui s'efforçaient de le retenir, je le trouvai en devoir de bel et bien étrangler la pauvrette. Je ne pus lui faire lâcher prise qu'en lui donnant encore de l'épée dans le derrière. Après quoi je lui dis que je devrais bien lui faire sauter la cervelle d'une balle de mon pistolet, à fin de le mettre en état, une fois pour toutes, de ne plus recommencer à faire le lâche et le brutal envers une femme, et je fus bien tenté de le faire, mais je me contentai, m'étant mis le haut du corps à nu, de lui donner de mes poings une belle leçon, le laissant nez saignant et crachant deux ou trois dents, et cela pour lui montrer ce qu'on risque à vouloir, par devant moi, Borgnefesse, jouer au butor avec une personne du sexe. Sa victime était déjà à demi étouffée, si bien qu'il la fallut ranimer avec un grand pot de guildive. Elle ne pouvait plus se tenir sur ses pieds lors que je lui dis que je ne voyais point d'autre manière de la mettre à l'abri, que la séparer de ce furieux en la ramenant en ma gabane. Etant consentante et reconnaissante de ma bonté, elle voulut bien se laisser prendre en mes bras pour que je la portasse jusqu'au bateau, ce qui ne manqua pas de me mettre en émoi, encore que j'eusse de l'eau jusque bien au-dessus de la ceinture. Je dus l'aider à monter l'échelle en la poussant par la croupe, que je trouvai ferme et suffisamment abondante.

Après lui avoir fait boire un grand bol de punch, et m'en être moi-même un peu lavé la gorge en sa compagnie, je l'installai, le plus commodément que je pus, la couchant moi-même sur la camagne, dont la paillasse était toute mouillée, lui portant de l'eau douce à fin qu'elle se put laver et soigner un peu des coups qu'elle avait attrapés, dont l'un lui avait mis un œil tout noir, et un autre, le tétin gauche tout meurtri, que je frottai moi-même avec de la graisse de cochon. Ce qu'ayant fait je ne me pus tenir de lui poser sur l'autre un innocent baiser. Elle fit petit cri de surprise, mais ne parut point m'en vouloir tenir rigueur. J'allai quérir un gros morceau de bœuf salé et quelques fruits et confitures et lui dis en suite qu'elle voulut bien demeurer là jusqu'au soir, où je la rejoindrais, et que je ne la laisserais pas descendre à terre durant tout le temps que nous serions dans l'île, ne la voulant point exposer à être immolée par son jaloux. Je lui donnai l'assurance qu'elle ne courait aucun risque, le bateau étant pour lors, bien assis sur le rocher, et sans eau sous la quille, et pris congé d'elle pour retourner remplir mon devoir de Capitaine. Elle me témoigna le plus gracieusement du monde, sa reconnaissance et me dit qu'elle dormirait. Je la quittai avec un baiser qu'elle ne me rendit point. Je lui dis en partant que je ne pensais point avoir à l'enfermer. Pour le vrai, je ne voyais point qu'elle sut où s'échapper. J'avais vu qu'elle craignait l'eau, et je pensai qu'il n'y avait point danger qu'elle gagnât la terre en s'y risquant. Pour plus de sûreté, j'eus soin de lui dire que j'y avais vu des tiburons. C'était menterie, mais je le fis pour la détourner tout à fait de cette idée si elle lui venait, le Diable sachant seul toutes celles qui peuvent passer en la cervelle de ce sexe.

J'allai à terre pour accompagner mon troupeau de prisonniers et le bétail qui pouvait marcher, jusqu'à la partie de l'île où il était convenu de les rassembler. Ce n'était qu'à une petite lieue de distance. Cette marche se fit au fort du soleil, non sans quelque fatigue.

Aucun autre bateau que le mien n'avait souffert de l'orage. Tous les Frères de la Côte, lors qu'ils me virent, s'enquirent de la cause de mon naufrage, tant ils s'en étonnaient de la part du fameux bon marin que je suis. Il fallut bien que ce pauvre Le Bègue en dît la raison et il en était bien contrit.

Notre Général s'employait à faire installer le camp, sous une belle palmeraie qu'arrosait une rivière d'eau bien douce. Les palmiers donnaient des noix en abondance et ils étaient emplis du chant des oiseaux. C'était vrai lieu de délice, un peu infecté cependant par quelques venimeux serpents et par la bigaille, mais où n'en est-il point aux Amériques ?

Quand je viens à parler de camp, il ne faudrait point aller s'imaginer qu'il y avait des tentes. En ce pays, on dort mieux sous les étoiles que partout ailleurs. Certains Espagnols avaient porté leurs guitares et, pour faire passer le temps, commençaient à donner jolis concerts de musique. Beaucoup paraissaient disposés à vouloir prendre leur malheur avec patience. Il n'était que le cocu qui était toujours rongé par sa fureur, et semblait taureau prêt à charger. Sitôt arrivé à ce camp, et cherchant son commis, qui était venu sur un autre bateau, il ne fut pas long à le trouver. Celui-ci l'ayant vu, vint à son devant avec mille grâces et sourires, pour ce qu'il ne savait l'affaire de la nuit et que l'autre était informé de son infortune. Mais, sans lui dire mot, le cornard se jeta sur lui avec la plus mortelle fureur, et à grands coups de poings et pieds, si bien que, lors qu'on les put séparer, le pauvret était tout courbatu et meurtri. Au demeurant, il n'était que maigre foutriquet, sans plus de vigueur qu'un chétif poulet frais sorti de l'œuf.

Je passai le restant du jour à me restaurer et boire avec mes amis, que je mis en joie en leur contant comment mon bateau avait servi de confessionnal. Je leur montrai du doigt les repentants, qui s'évitaient ou n'échangeaient entre eux que des regards bien penauds et les femmes rougissaient de confusion.

Sur le soir, je laissai ceux de mon équipage se reposer et cuver le trop de vin qu'ils avaient pris, n'étant, pour lors, bons à autre chose que dormir sous les palmes, et en vérité, il n'y avait rien à faire sur le bateau qui pressât, hormis pour moi que l'amour y attirait. Je regagnai mon bord, me réjouissant à l'idée de m'y voir seul avec ma belle prisonnière.

Je la trouvai sur le tillac. Elle me dit ne s'être revêtue qu'en me voyant venir, ayant ôté tous ses habits pour les faire sécher au soleil. Elle y avait aussi porté la paillasse, et je l'aidai à la ramener en la gabane, où je lui dis, avec le plus de délicatesse que je pus mettre à cet aveu le goût que j'avais pour elle. Ce à quoi elle ne répondit que par des pleurs, et je vis bien qu'elle regrettait bien fort, à l'heure présente, sa confession aux nuages et aux éclairs. Je pris le mouchoir de dentelle qu'elle tenait en ses mains et je séchai moi-même ses larmes comme on fait à une fillette, puis, m'enhardissant et résolu à vaincre prestement, je lui dis qu'elle avait à choisir : ou bien ses sentiments répondant aux miens, elle ferait de moi sur l'heure un homme heureux, et alors je la conserverais sous ma protection, ou bien si elle s'opiniâtrait en une résistance qui n'était plus de mise après ce que j'avais ouï, je la débarquerais sur-le-champ, me souciant peu, pour lors, qu'elle fût ou non étranglée par son brutal. Elle me répondit que tôt ou tard, cela ne pouvait manquer d'arriver.

Elle m'apprit que son mari était Notaire du Roi, et fort sourcilleux sur le point d'honneur, et me dit son nom, qui m'est passé de la cervelle. Le sien était Lola.

Je l'assurai que son époux, comme tous les maris, se ferait bien à l'idée d'avoir été cocu, et qu'il fallait seulement lui laisser le temps d'avaler sa fureur. Elle me répliqua, en larmoyant, que je connaissais mal les hommes de son pays, lesquels ne sont point tant philosophes que les Français sur ce chapitre, et que les tourments de la jalousie travaillent plus furieusement. A quoi je répliquai qu'ils sont aussi plus fort croyants en religion et qu'il se trouverait bien quelque Padre, à commencer par celui dont elle avait parlé en sa propre confesse, qui, pour peu qu'elle l'en priât, voudrait bien incliner le pauvre homme vers le pardon. Je lui remontrai avec douceur, qu'ayant eu les deux amants qu'elle avait dit, un de plus importait peu et je lui appris qu'on disait en France : jamais deux sans trois, et que, par ailleurs, moi, Borgnefesse, Capitaine de la Flibuste, célèbre par mes exploits et ma valeur en toutes les Amériques, j'en valais bien un autre, sinon plusieurs.

En bref, je fis si beaux discours, qu'elle en vint à me demander si, au cas où je serais content d'elle, je la voudrais bien tenir quitte de sa rançon. Je lui en fis le serment. Sur quoi, je vis son visage prendre la douce expression de la pudicité vaincue, quelques larmes vinrent derechef mettre des perles en ses beaux yeux, et elle commença de se dévêtir.

Elle avait le corps comme un léopard, depuis le derrière jusqu'aux tétins, par l'effet des marques noires ou bleues que lui avaient faites sur la peau les coups qu'elle avait reçus.

Je la trouvai de glace, et ne parvins point à l'échauffer. Jusque là, j'avais douté qu'on dise vrai lorsqu'on avance qu'il chaut peu à l'Espagnol que la femme soit un peu endormie pourvu qu'elle soit belle, et j'imaginais, ayant en mémoire le souvenir de la belle de Cucuba, que cela pouvait bien venir de ce que leurs hommes ne savent point s'y prendre et sont aussi mols aux combats de Vénus qu'à ceux de Mars. Je me flattais de montrer à cette belle femme la différence entre les deux nations, et faire grand honneur à la mienne. Mais je fus déçu. Quand j'en vins à la grande œuvre, elle n'en fit pas plus de cas que si c'eût été piqûre de maringouin.

Quoi qu'il en soit, froide ou chaude, elle fut à moi. Il eut fait beau voir que j'échouasse, là où un jésuite et un petit clerc de notaire étaient passés !

M'étant levé dès le petit matin et laissant la belle ronfler, je regardai avec grand soin la position du bateau. Il avait été poussé si haut par la mer qu'il eût fallu un autre ouragan pour lui donner de l'eau, et, en ce cas, les vagues ne pouvaient manquer de le jeter encore plus haut, à moins que de le mettre en pièces. De surcroît, les fonds étaient largement ouverts, et le niveau des eaux s'y trouvait le même qu'au dehors. Puis j'allai jusqu'au camp pour rallier mon monde que je trouvai reposé. Je les ramenai et fis mettre d'abord les deux embarcations à la mer. Les jours suivants, elles nous furent bien utiles, tant pour éviter de prendre un bain chaque fois qu'il fallait aller du bord à terre ou le contraire, que pour décharger le bâtiment des choses que je voulais enlever, à savoir : les menues armes, quelques quartauts et barils d'excellent vin, les effets et la boussole. Pour la poudre, la Sainte Barbe ayant été envahie par les eaux, elle était noyée et ne valait plus la peine qu'on s'en souciât. Grande partie des vivres aussi étaient gâtés par l'eau de la mer. Je n'en fis enlever que ce qui pouvait en être sauvé, n'en gardant que le nécessaire pour moi, ma belle et mon noir Thomas, que je voulais conserver avec moi pour nous servir. Je fis abattre et dépecer sur place les bêtes qui s'étaient un peu cassé les pattes durant la tourmente ou au débarquement, et en envoyai les quartiers au camp par une des embarcations. Je renvoyai en suite tout mon monde au dit camp, jugeant mieux d'être seul pour jouir des plaisirs de l'amour.

Quand vint le soir, Lola, ayant sommeillé tout le jour et moi-même étant fort dispos, j'eus la faiblesse de me laisser aller à bien augurer de la nuit. Nous fîmes un abondant souper, fait de chair de tortue, mil bouilli, papegais rôtis, cuissots de porc, fruits, confitures, liqueur d'orange et autres choses, le tout arrosé de quelques bons flacons que j'avais trouvés à Pancorbo. Plût au ciel que la belle m'eut tenu tête aussi bien sur la camague qu'à la table ! Mais je dus encore déchanter ! Malgré tout le travail que je pus fournir, elle demeura comme solive, si bien que je fus sur le point de perdre tout courage et la débarquer sur-le-champ, pour qu'elle s'en allât faire faire l'amour par son cocu ou son amant ou les deux à la fois, si cela lui plaisait, tant j'en avais par-dessus la tête, ce qui est façon de parler.

Mais je fis réflexion qu'il y eût eu là de la barbarie, la mettant dans le cas d'être massacrée par son furieux. Et, à tout prendre, elle était aussi bien belle de visage. Quant au corps, à le bien examiner, j'observai qu'elle avait les tétins placés un peu bas, ce qui est laid et plus fréquent sur les Anglaises que sur les Espagnoles.

La troisième nuit que je passai à bord fut plus calme, pour ce que j'étais un petit peu découragé.

Au matin, je pensai qu'il serait bon que je changeasse de stratégie, et que j'arriverais, peut-être, à meilleur résultat si j'essayais d'émouvoir son corps par le chemin de son cœur, et, comme je ne voyais plus grand chose à faire sur mon bord, je la portai à terre, afin d'entreprendre avec elle, promenade de sentiment.

La prenant à mon bras, je la conduisis doucement jusqu'à la pointe de l'île, qui était petit promontoire ombragé de palmiers dont quelques-uns avaient été renversés par la tempête. Il s'avançait assez loin dans la mer, laquelle venait caresser les roches avec doux murmure, je l'assis sur un tronc abattu, et, prenant place à ses côtés, je me fis poète et l'entretins longuement des oiseaux, des fleurs, des papillons, des étoiles, essayant de me remémorer Ovide et Virgile, dont j'avais étudié jadis les beautés, en grande cachette, au petit séminaire. Elle ne parut point insensible à la cadence de mes paroles. Ce pourtant, quand la nuit fut venue, je me vis frustré de tous mes espoirs ; elle se donna à moi comme faisant fastidieux devoir et corvée, et, encore une fois, ne fut point plus émue de mes caresses qu'elle ne l'avait été jusque là.

Au matin, je crus comprendre que mon échec venait peut-être de ce que je n'avais plus, pour lors, le dehors agréable et avantageux qui était le mien lors que je folâtrais avec les belles filles de Rouen ou de Dieppe, ni même au temps, moins lointain, où je connus la belle femme de Campêche, et celle de l'Alcade Mayor de Cucuba. J'avais, depuis lors, grandement épaissi du ventre, et la vie que l'on mène à la mer et dans les combats, ne permet point que l'on donne à son visage les soins que lui peuvent prodiguer les petits maîtres de Paris et de Versailles. Etant allé au camp dans la journée qui suivit, je m'enquis s'il n'y avait point un coiffeur parmi les prisonniers. On m'amena un peluquero qui avait eu la bonne idée de porter avec lui ses peignes, fers à friser et onguents, pensant, non sans quelque raison, que, comme nous emmenions dans l'île ses clients avec lui, certains ne seraient point fâchés de lui conserver la pratique. Il savait que ces hidalgos sont gens tant entichés de leur extérieur, qu'ils sont dans le cas de se vouloir faire friser et parfumer, une heure avant celle où ils savent qu'ils vont être pendus.

Il m'ajusta à l'espagnole, donnant à mes moustaches l'arrogance que l'on voit à celles des chats, et il m'arrosa de patchouli, y mêlant un peu de musc, cela pour combattre l'odeur de la sueur masculine qui ne plaît point à toutes les dames.

Accommodé de la sorte, je me présentai le soir à ma belle avec grande espérance de la pouvoir, cette fois, un peu animer. Mais il n'en fut rien.

Prétendant ne pouvoir soutenir l'odeur trop forte du musc, elle commença par m'envoyer laver, ce que, malgré la méfiance que j'avais des tiburons, j'allai faire dans la mer, n'y ayant point trop d'eau douce sur le bateau. Etant de naturel opiniâtre et peu disposé à renoncer aisément à mes desseins, je creusai ma cervelle pour me bien remémorer toutes les douces et belles mignardises d'amour que m'avait enseignées jadis la dame de Cucuba. Et, ayant rejoint cette cruelle, j'entrepris vaillamment sur elle toutes les sortes de travaux qui, pour l'ordinaire, ne manquent point d'encourager les femmes et les mettent en l'état de se donner avec tout l'abandon et la sincérité de corps qui est désirable. Je peinai là si longuement et de façons diverses, et avec tant d'application, qu'il me semblait entreprendre un treizième grand labeur imposé au demi-dieu Hercule. Mais, quelque habileté que j'y pusse mettre, je continuai à n'entendre, en lieu des doux soupirs que j'espérais pouvoir arracher aux lèvres de la belle, que le souffle de son haleine, et, bientôt, ce souffle se faisant plus régulier, je vis qu'elle avait glissé dans le sommeil.

J'en fus tant dépité que je la laissai à ses ronflements et la quittai sur-le-champ, pour m'aller derechef plonger dans la mer, malgré ma crainte des requiems, cela à fin de me rafraîchir et éteindre le feu qui m'embrasait, et que je me voyais incapable de communiquer. Après quoi, je remontai sur le tillac. Je n'y pus demeurer, pour ce qu'étant en le plus simple appareil, je me vis bientôt la proie des maringouins. Et si je ne crains point leurs morsures au visage ou aux mains, je ne laisse point d'en être incommodé lors qu'ils s'attaquent à des endroits plus sensibles.

Etant allé remettre mes habits, je revins sous les étoiles, où je passai le reste de la nuit, dans la tristesse et la mélancolie. J'avais appris là qu'il n'est rien de tenir dans son lit le corps d'une belle femme, si elle ne répond en donnant aussi un petit peu de son âme, ce qui ne se peut obtenir par contrainte. Je crus voir là le signe que, pour moi, le temps des amours était passé. Et à quoi servent, je le demande, les trompettes de la renommée et l'auréole de la gloire, si ce n'est, par ricochet, à conquérir le cœur des belles ?

Au matin, lors qu'elle fut éveillée, je lui appris que je levais le siège et que je la tenais pour quitte. Je lui dis que j'étais ainsi fait que je ne pusse goûter le plaisir de l'amour s'il n'est partagé, ce qui est le vrai. Ayant vu la tristesse de ma physionomie, lors que je lui fis ce propos, elle me répondit qu'elle me priait à genoux de lui pardonner et de bien vouloir ne lui point tenir rancune de ce qu'il lui était impossible de répondre à mon ardeur, son cœur étant pris par ailleurs, et tout entier appartenant au petit commis de son mari, et que je devais savoir que si, tout un chacun est, en certaine mesure, maître de ses actions, il ne l'est point du tout de ses sentiments.

On peut penser combien il pouvait être humiliant, pour un homme de ma valeur, de se voir préférer un petit clerc. On peut voir par là combien le goût des dames est, souventes fois, sot et singulier.

Elle sauta hors de la camagne avec légèreté de gazelle et, comme elle était sans voiles, je vis que les marques que lui avaient imprimé sur le corps les coups de son brutal et qui avaient, jusque-là, un peu altéré sa beauté, étaient en voie de s'effacer, laissant bien voir la peau, qui était blanche et lisse, et fort douce au baiser. Je ne me pus empêcher de lui en poser quelques-uns en divers endroits, qu'elle reçut sans goût ni dégoût.

Après quoi je lui dis que je la laissais maîtresse de ce ponton échoué qu'était devenu le Jovial-Tiburon, et que les nuits suivantes, j'irais dormir à terre, afin de m'éviter par là les tourments d'un supplice plus amer que celui subi jadis par Tantalus. A quoi elle répondit qu'elle m'était reconnaissante de me montrer si honnête, et que, pour m'en octroyer récompense, elle me donnerait, si toutefois je le voulais bien, son amitié. Ce qu'entendant, je me crus venu à être pauvre besogneux bellistre et pouilleux mendiant qui se devait considérer comme bien flatté et grandement honoré, recevant, tombés de la main d'une princesse de sang royal, quelques deniers en guise d'aumône. Et je rougis de honte, et lui dis que je n'avais que faire de son amitié, et que l'amitié d'une femme n'était, pour moi, que viande creuse et coquille vide, les femmes n'étant bonnes qu'au lit ou à la cuisine, et n'étant point d'humeur à donner mon amitié à des putains ou à des cuisinières qui paillardaient avec des enfroqués ou des petits gratteurs de paperasses.

Entendant cet éclat, elle répandit un torrent de pleurs. Je n'ai jamais compris le pourquoi, dès que je vois larmes de femme, je me trouve toujours être ému jusqu'au profond de mes entrailles. Je m'amollis aussitôt, tout bien penaud de ma colère, et, pour lui en demander le pardon, je mis genou à terre et lui baisai la main. En le costume où elle était, mon nez lui vint, pour ce faire, tout proche du haut de sa cuisse, dont je sentis, pour la dernière fois, le piquant parfum.

Cela l'ayant apaisé un peu, je me relevai et me versai un grand bol de guildive pour me remettre le cœur à la bonne place, et j'allai sur le tillac afin de la laisser se vêtir.

Je voyais bien qu'était passé pour moi l'âge de plaire et je jurai de ne me plus jamais laisser attraper au perfide piège d'amour. J'en fis le serment en baisant la garde de mon épée, et, depuis lors, en toutes occasions, j'ai tenu ce serment. Aussi bien, j'étais, malgré tout, assez perspicace pour sentir que la paillarde flamme qui ardait en moi pour cette femelle, n'était point de l'amour. Et qu'autre chose est l'amour, qui se doit de ressembler à la dévotion que tout cœur bien né ne peut manquer d'éprouver pour la très haute et très pure Vierge Marie, ou bien au sentiment qui emplissait mon âme lors que me revenaient à la mémoire les yeux de la fillette que j'avais, un jour, à Maracaye, délivrée de deux butors.

Lors que la belle me vint bientôt rejoindre, nous fîmes nos conventions. Je passai par toutes les conditions qu'elle me voulut imposer. Il fut entendu qu'elle resterait sur le bateau pour ce qu'elle craignait, si elle débarquait, d'être victime de la fureur de son époux. Mais, comme elle avait grand peur d'y demeurer seule, elle me pria de bien vouloir dormir en la gabane de Le Bègue, qui était voisine de la mienne où elle dormirait. Cela pour que je lui serve de garde du corps, ajoutant, par flatterie, qu'elle ne pensait point pouvoir en avoir un meilleur. Après avoir souscrit à tout cela, j'allai à terre et je marchai vers notre camp, qui était, comme je l'ai dit, à une lieue dans le Sud, et, longeant le rivage, je fis beaucoup de méditations qui n'étaient point couleur de rose. Lors que j'approchai du camp, il n'était point loin de la méridienne pour ce que je ne m'étais guère pressé. Je vis Le Bègue accourir au devant de moi sur la plage et, tout content, il me conta ce qui suit.

Il était venu le matin de Pancorbo, une barque espagnole qui portait le Supérieur Général des Jésuites, accompagné de deux Fraters. Il avait remis à notre Général une lettre de celui des Espagnols, qui était ainsi :

Monsieur le Général des Forbans,

J'ai eu la lettre que Votre Grâce a laissée pour moi à Pancorbo, par laquelle elle me demande un demi-million de pièces de huit en or, vingt bœufs et cinquante vaches, et deux cents paquets de farine pour prix de la rançon des prisonniers qu'elle a enlevés. Par cet écrit, je fais savoir à Votre Grâce que c'est d'une autre monnaie que je la veux payer. Mais pour cela je lui demande quelque délai. J'attends de la Vera Cruz une flotte de dix vaisseaux, bien armés de deux cents canons, qui me feront passer la mer, moi et deux mille soldats, et nous payerons Votre Grâce des boulets de ces canons et des balles de nos mousquets, et cela très largement, en proportion de ses mérites qui sont grands.

Je suis, Monsieur le Général des Forbans, de Votre Grâce, le Serviteur.

Ce qu'ayant lu, Laurent s'était enflammé de colère, et voilà comment il avait répondu :

Monsieur le Général des Singes,

Je fais tenir cette lettre à Votre Grâce pour la prier d'abord de bien vouloir accepter un cadeau que je confie au Révérend Père qu'elle m'a envoyé. C'est la tête d'un prisonnier notable de la ville. Si Votre Grâce ne me fait pas passer dans les trois jours à venir la rançon que j'ai dite, j'en penserai que ce genre de cadeau lui agrée, et je lui enverrai dix têtes, et si je n'ai encore la rançon dans les trois autres jours qui suivront, je lui en enverrai vingt autres, et chaque fois augmentant de dix ce chiffre, jusqu'à ce qu'y passent tous les prisonniers que nous avons, au nombre de quatre cent quarante et un, et cela, sans en excepter les femmes, les filles et les enfants.

Je suis, Monsieur le Général des Singes, de Votre Grâce, le très humble Serviteur.

Laurent DE GRAFF.

Laurent avait voulu, selon la coutume, faire jouer aux dés, à celui qui perdrait sa tête. Mais Le Bègue, pensant faire pour le mieux, lui avait dit qu'on pouvait profiter de l'occurence pour faire la justice. Y ayant parmi nos prisonniers, un qui avait voulu étrangler sa femme, il paraissait équitable que ce scélérat fût le premier à donner sa vie. Comme il pensait que je coulais avec la belle Lola, la plus douée des idylles, il avait cru adroit d'attraper au vol l'occasion de me débarrasser du mari, et peut-être aussi espérait-il que j'en viendrais à l'épouser, et, cela étant, qu'il pourrait, selon la loi de la flibuste, étant mon matelot, jouir avec moi de la belle. Laurent ayant dit qu'il se souciait peu que ce fût la tête de ce Notaire cocu qui soit portée au Général des Singes plutôt qu'une autre, et qu'il y consentait si on pouvait lui amener des témoins, Le Bègue n'eut aucune difficulté à les trouver nombreux parmi ceux des Espagnols qui avaient vu la fureur du mari. Et ils avaient témoigné d'autant mieux, disant et affirmant qu'ils avaient vu ce dernier s'efforcer d'étrangler son épouse, qu'ils n'étaient point fâchés, comme il se comprend, d'éviter, par là, de participer à ce genre de loterie, nul ne désirant en être le gagnant. Sur quoi on avait, sur-le-champ, tranché la tête du Notaire, et on l'avait bien arrangée en un joli panier, sur un lit de feuilles, en y ajoutant, par dérision, une belle paire de cornes de bœuf en guise d'ornements. Et on avait renvoyé le Padre et ses Fraters avec la lettre et le paquet. La voile qui les emportait se voyait encore à l'horizon.

Mais moi, je n'étais pas content, pour ce que je n'étais point du tout certain que cela serait du goût de Madame. J'eus, sur l'instant, gros mouvement d'humeur contre Le Bègue, qui s'en étonna. Il n'est si bon ménage où il n'éclate de temps à autre quelque querelle, et on se peut disputer entre frères, sans qu'en souffre l'affection que l'on se doit. Aussi bien je m'apaisai vite en faisant réflexion que ce qui est fait est fait et qu'il n'y avait point à y revenir.

Lors que, sur le soir, ayant rejoint mon bord, j'appris la chose à Lola, elle en fit une belle crise. Elle commença par se rouler sur le sol avec déchirantes clameurs et tous les nerfs tordus, ne voulant point que je l'approchasse pour la porter sur la camagne, m'appelant bourreau, gavache et vilain boucher. J'avais beau l'assurer que si j'eusse été présent, tout cela ne serait point arrivé, elle ne voulait démordre de son idée, qui était que c'était moi qui avais arrangé la chose par perfide jalousie et se disait certaine que, demain, je ne manquerais pas de faire aussi trancher la tête à son petit clerc. Après un long temps, lors qu'elle fut un peu calmée et ne fit plus que pitoyables sanglots, je pus placer mes paroles et lui dis, pour la conforter, que je ne voyais pas le pourquoi elle se lamentait tant, et que cela, tout au contraire, la devait arranger, pour ce qu'il n'était plus d'obstacle, ce présent, à ce qu'elle épousât le jeune homme que tant elle prétendait aimer. Ce à quoi elle répondit que je n'entendais rien aux femmes, qu'un mari était un mari, et un amant un amant, et que, si un mari pouvait fort bien n'être pas un amant, un amant pouvait tout aussi bien ne pas faire un mari, et tout ce qu'elle débitait en criant sur ce sujet en vint à être si embrouillé que j'en eus la cervelle fracassée. Je crois bien, si j'ai compris, qu'elle me voulut dire que son mari était fort riche et son amant fort gueux, et que, si elle épousait l'amant cela ne lui donnerait point la fortune du mari qui irait à la famille du trépassé, pour ce qu'elle savait, qu'ayant eu méfiance de n'être point aimé comme il aimait, il avait fait une testation qui n'était point en sa faveur. En bref, tout cela me montra combien cette garce aimait l'argent, et je lui retirai sur-le-champ, l'estime qu'auparavant j'avais été tout près de lui accorder, et elle perdit beaucoup dans mon cœur.

Je la laissai dans ses sanglots, simagrées, jérémiades et lamentations qui ne finissaient point, et j'allai par un grand pot d'eau-de-vie, remettre un peu d'ordre en mes idées qui en avaient besoin.

Le lendemain, comme elle ne courait plus aucun risque d'aller à terre, je la débarquai, fort content de l'éloigner de moi, pour ce que je sentais toujours, en sa présence, se rallumer un feu mal éteint.

Je l'amenai au camp où je la remis en les mains de son petit commis. J'ai dit qu'il était un pauvret, tout étriqué de corps et d'épaules, qui paraissait fait pour bientôt trépasser dans un lit d'une maladie de langueur, plutôt que d'y gaillardement forniquer. Il était, de surcroît, aussi pauvrement vêtu qu'un bellistre, et jamais ne vis visage aussi niais, avec grand nez et lèvre tombante. Sans compter qu'il avait les pieds fort petits.

Tout stupide qu'il pût être, je vis bien qu'il pensait que j'avais joui de sa belle, aussi me faisait-il des regards tant furieux que je ne doute pas que, s'il eût eu quelque poignard, il n'eût point fait de difficulté pour en user sur-le-champ contre moi, mais les prisonniers sont toujours sans armes, comme de juste.

Ces amoureux ne se firent point, en se retrouvant, les transports qu'on eût pu attendre. La dame était, je crois bien, un peu honteuse, et le foutriquet assez sot pour lui vouloir tenir rigueur de ce qu'elle avait bien pu faire avec moi sur le bateau durant ces dernières nuits. On voit, par là, combien certains hommes sont bêtes ! Au demeurant, je ne puis celer qu'il m'eût été pénible de les voir tomber en les bras l'un de l'autre et se baiser tendrement sous mes yeux. Je fis plus tard réflexion que c'est à la délicatesse de la señora qui voulut peut-être, par là, éviter de me causer quelque chagrin, plutôt qu'à la niaise rancune de son chétif galantin, que je dus que ce spectacle me fut épargné.

Je retournai, le soir venu, dormir sur le *Jovial-Tiburon.* Je ne sais pourquoi je répugnais à abandonner le bateau, et je voulais passer sur son bord les dernières nuits que nous avions à demeurer sur l'île des Cornes, si bien dénommée.

Deux jours après, nous arriva de Pancorbo la même barque qui nous apporta la rançon des otages. A savoir : cinq cent mille pièces de huit en or, mais seulement vingt paquets de farine. Pour ce qui est des bœufs et des vaches, il n'en était aucun. Et il n'y avait point de lettre du Général. Mais les Jésuites s'excusèrent sur ce qu'ils n'avaient pas de bateaux assez gros pour porter les bestiaux, ce qui était le vrai.

Ayant cela en mains, Laurent nous réunit pour faire Conseil. Nous décidâmes que nous nous tiendrions pour contents, et il fut arrêté qu'on mettrait à la voile le lendemain. Laurent renvoya le Padre et ses deux Fraters avec ce billet à remettre :

Monsieur le Général des Singes,

Je fais ce mot pour dire à Votre Grâce que j'ai bien reçu la rançon des otages, qu'en gens d'honneur que nous sommes nous n'allons point tarder à faire libres. Je fais quitte Votre Grâce pour le restant de farine ainsi que pour les bœufs et les vaches, et je l'avise que je pense mettre à la voile demain si le vent est bon. Je laisserai les quatre cent quarante et un prisonniers où ils sont, et où Votre Grâce les viendra chercher.

Je suis, Monsieur le Général des Singes, de Votre Grâce, le très humble et très dévoué serviteur.

Laurent DE GRAFF.

Nous fîmes sur-le-champ les parts de ces pièces monnayées. Il se trouva que la mienne monta à six mille sept cent et vingt pièces de huit. Cela était loin de me rembourser de la grosse perte que je faisais de mon bateau. Il fut convenu que la moitié de mes gens embarqueraient avec moi sur le *Caribou*, qui était le plus gros navire de la flotte et appartenait à Julien, et que les autres s'égailleraient comme ils le pourraient sur les autres bateaux qui étaient huit. Il fut convenu aussi que je devrais, avant que de le quitter, mettre le feu au *Jovial-Tiburon*. Quoique j'en reconnusse la nécessité, cela ne manqua pas de me causer grosse peine, pour ce que c'était belle et solide coque, et joliment bien gréée, et bon outil pour le travail. Si nous n'étions point en mesure de le tirer de là où il était, les Espagnols, en y mettant beaucoup de monde et avec du temps, l'eussent peut-être pu faire, pour peu qu'il ne fut point auparavant fracassé par quelque tempête. Il le fallait donc détruire.

J'allais couler sur mon bateau la dernière nuit que j'y devais passer, mais je n'y dormis guère et tuai le temps sur mon tillac à boire du punch et à pétuner, et la cervelle travaillée de mille pensées. Au matin, je roulai deux petits barils de goudron dans l'entrepont au pied du mât de la brigantine et y boutai le feu. Thomas, mon noir domestique, était seul auprès de moi et je vis qu'il larmoyait.

Lors que l'incendie fut bien pris, nous rejoignîmes les autres.

Avant que d'embarquer sur le *Caribou*, je ne me pus empêcher d'aller porter mon adieu à la veuve. Je la trouvai avec son galantin. Je lui dis que je n'oublierais point les heures que j'avais passées auprès d'elle, mais elle se garda de répondre qu'elle en ferait autant de son côté. Je veux penser que, si elle ne le fit point, ce fut par décence envers le petit commis qui paraissait avoir grande difficulté à avaler sa bile. Quoique je me trouvasse quasi ruiné par la perte que je faisais de mon brigantin, voulant faire le généreux jusqu'au bout, je donnai à la belle mille cent treize pièces de huit en or, ce qui était ce qui lui revenait de sa rançon dont j'avais fait serment de lui faire remise. C'était là, à peu de chose près, la quatre cent quarante et unième partie de la somme de cinq cent mille pièces que nous avions reçue pour l'ensemble des otages. Elle ne fit aucune difficulté pour accepter, et durant que je la lui comptai, je coulai un regard vers le gringalet. Il avait l'air d'être sur le point de s'étouffer de fureur, ce qui ne manqua pas de me donner un tout petit début d'estime pour lui, voyant par là, que, quoique fort gueux, il n'était point maquereau.

Après quoi je les quittai.

N'ayant pas eu l'occasion, depuis lors, d'avoir nouvelles de ce pays, je ne connais et ne connaîtrai jamais comment ils se sont arrangés. Il me chaut peu, au surplus, de savoir si elle est demeurée sa pute, si elle s'est faite sa concubine, ou si elle est devenue son épouse.

Nous mîmes à la voile trois heures après la méridienne, ayant auparavant fait nos adieux à ceux des prisonniers et prisonnières qui étaient venus sur la rive pour nous voir embarquer, mais Lola, ne fût point du nombre. Il y en avait quelques-uns parmi nous qui avaient noué des idylles avec des femmes espagnoles, et qui, plus heureux que moi, voyaient des larmes en les yeux de leurs belles. Il y eut même trois de ces dames qui partirent avec nous de leur plein gré, et l'une d'elles, qui suivait un nommé Boisbrulé dont elle s'était entichée, monta avec lui sur le *Caribou.* On l'appelait Juanita.

Lors que Julien eut fait déraper l'ancre, je jetai un regard sur la côte avec la lunette à longue vue pour voir si je n'apercevais point Lola venue au dernier moment me faire un adieu, mais je ne vis personne qui lui ressemblât, parmi tous ceux et celles qui nous saluaient de la rive.

Notre route était de remonter vers le Nord, pour aller doubler la pointe de l'île, avant de pouvoir mettre le cap à l'Est. Cela nous fit élonger la plage à moins d'un quart de lieue de distance, et nous vînmes à passer non loin des restes encore fumants du *Jovial-Tiburon.* Je me sentis tout amolli et je demandai à Julien qu'il voulût bien honorer l'épave de cinq coups à poudre, ce qu'il fit, et nous nous découvrîmes durant que tonnait le canon. Il me paraissait que cet adieu était fait aussi aux années écoulées de ma jeunesse.

A ce moment, je vis passer sur les vagues, dans notre ouache, l'épine du dos d'un requiem, et je pensai que c'était peut-être Adhémar qui venait saluer avec nous les débris de son filleul. Julien qui lisait mes pensées sur mon visage, me conduisit dans la chambre, et là, en sa compagnie, je chassai les papillons noirs de ma cervelle avec quelques grands pots d'eau-de-vie de cannes.

XI

Comment je parvins, après avoir couru bien des périls, à la grande île Jamaïque

Les premières pages de ce troisième et dernier cahier ont disparu. Nous retrouvons le capitaine Borgnefesse errant sur les flots dans une barque, avec quelques compagnons d'infortune, après un naufrage dont les circonstances nous sont inconnues.

. . . .

... pour ce que le canot était trop chargé. On convint qu'on se trouvait être, pour le moins quatre de trop, et que le meilleur était de tirer aux dés, hormis pour la femme, comme de juste, pour savoir ceux qui se devraient sacrifier à fin que les autres se pussent sauver. Ainsi est la coutume des Flibustiers lors qu'ils se trouvent en semblable cas.

Le sort désigna premier Boisbrulé. Il fallut entendre pour lors les pleurs que fit la Juanita. C'était à fendre l'âme au plus endurci. Boisbrulé se préparait cependant à passer par-dessus le plat-bord, se défaisant de son or pour le laisser à sa belle qui s'accrochait à lui, lors qu'un, qu'on appelait Tête-de-Mort, pour ce qu'il avait le nez rongé d'un ulcère, se leva et dit :

— Je prends la place de Boisbrulé, laissez-le avec la Juanita. Je suis plus pondéreux que lui et vous y gagnez.

Et, sans surseoir, il se jeta. Il y en eut trois qui manquèrent de peu nous chavirer pour ce qu'ils le voulurent attraper avant qu'il ne coulât, trouvant mauvais qu'il emportât son or avec lui. Ne l'ayant pu accrocher, tant il partit vite vers le fond, ils firent grands blasphèmes et jurements, disant qu'on n'avait point l'idée d'emporter de l'or au fond de la mer, que ce métal ne pouvait servir de rien au pays des requiems, et ils l'appelèrent avaricieux, vilain bougre et sans cœur, et c'est là toute l'oraison qu'eût eue le pauvre Tête-de-Mort, si je ne me fusse signé et n'eusse récité un Pater à son intention. J'appris par la suite que son matelot était des trois qui avaient été tués devant Pancorbo et qu'il ne s'en pouvait consoler, non plus que d'avoir un vilain trou en place de nez.

Le sort désigna second un de ceux qui s'étaient jetés dans la mer pour nous joindre. Il demanda un pot de vin qu'on lui donna sur-le-champ en le priant de se presser à le boire car il tardait à tous de voir le bateau plus léger. Il y en eut qui firent réflexion que le sort avait mal choisi, pour ce que cet homme avait déjà quitté son or à fin de se pouvoir mieux sauver, tandis que si c'eut été un autre qui eut dû se sacrifier, on eut pu partager sa part. Il entra doucement dans l'eau, après s'être entièrement dévêtu, mais au lieu de se noyer comme il l'eut dû, il commença de brasser avec courage. Comme nous avions arrêté de ramer, tout mon monde étant fort retenu par le jeu des dés, il demeura aisément à flotter à quelques toises.

Le troisième que les dés appelèrent ne savait point se soutenir sur l'eau. On lui prit sa ceinture et ce qu'elle tenait, et aussi ses couteaux et son sabre qui étaient bons. Il fut courageux tant qu'il ne fut pas au bain, mais là, il se voulut accrocher à un aviron. Il fallut lui faire lâcher prise et il s'enfonça sans tarder.

Il en fut de même du quatrième, hormis qu'il désira auparavant écrire une lettre à une gaupe de la Tortue. Ne le sachant point faire il me la dicta, me faisant donner serment de la lui remettre, ce que je fis volontiers, encore que connaissant la fille pour fameuse et éhontée putain, qui serait bien vite consolée si elle ne l'était par avance.

Et il me fit écrire ceci :

Mon petit cœur,

Je quitte ce monde en pensant à toi. Je le fais avec moins de regret si je crois que tu penseras à moi, toi aussi, quelques fois, surtout chaque nuit de Noël, jour que nous nous sommes rencontrés pour la première fois au Rat qui pète. *Je te baise avec tendresse, mon petit cœur.*

JEAN DU PORTEL,
dit Gueule de Raie.

Quand celui-là fut coulé, nous n'étions plus que douze dans le bateau qui était un peu plus léger, mais il y avait l'autre qui brassait toujours alentour de nous et je me pris à faire le souhait que survînt quelque tiburon pour abréger la chose. Mais ce ne fut point le cas. Il était bien cruel d'avoir jeté à la mer un vrai poisson sachant si bien se soutenir dessus. J'ai toujours dit qu'il est fort pernicieux à un qui va sur la mer, de connaître le moyen de demeurer à sa surface avec ses bras et ses jambes pour ce que cela n'est utile, s'il vient à y choir, qu'à rendre plus longue et pénible la noyade, et je me suis toujours félicité de ne le savoir point faire.

Je fis border quatre avirons, ce qui se pouvait à présent, et demandai à mes gens de forcer, pensant que, ce voyant, il perdrait courage et se laisserait aller au fond, mais la barque étant bien lourde, mes rameurs se fatiguèrent plus tôt que lui et nous ne le pûmes distancer. Il était pourtant clair qu'il ne nous pourrait suivre ainsi jusqu'à l'île Jamaïque. Aussi, à la fin, il donna signes de lassitude. Il prétendit, pour lors, attraper un aviron, mais, avec un autre, on lui donna grands coups sur la tête, ce qui le fit lâcher, mais ne l'envoya pas au fond, et il brassa encore un peu de temps. On l'entendait, à présent, souffler très fort et ses mouvements se faisaient plus précipités. J'étais à espérer que ce ne serait plus bien long, lors qu'il vint pour s'accrocher à l'arrière du bateau où j'étais au timon. Pour l'en empêcher, je dus tirer mon épée et le tenir éloigné avec la pointe. Le Bègue me dit de le laisser approcher, et, par humanité, lui en donner un grand coup dans le corps, mais je n'ai point honte d'écrire que j'eus la faiblesse de n'en avoir pas le cœur. Au bout d'un temps, il alla vers bâbord, et, là, on le tint en respect avec des sabres. On avait beau lui crier : Laisse-toi aller ! il brassait toujours, encore que sa tête ne fût plus bien haute hors de l'eau, et il soufflait comme bœuf et chaque instant davantage, et commençait à boire grands coups d'eau salée.

Enfin, à bout de ses forces, il attrapa un sabre, et, bien que ses mains vinssent à être en sang, car celui qui tenait l'arme la secouait pour la lui faire lâcher, il la tint si fort, qu'il n'y en eut pas le moyen. On criait bien qu'avec un autre sabre il fallait lui donner le coup de grâce, mais aucun ne s'y pouvait résoudre. L'eau venait rouge tout à l'entour de lui, pour ce que ses mains étaient bien fort entaillées, il ne disait mot, retenant tout son souffle et enfin me regarda, moi, le chef, avec tel regard que je n'y pus tenir. Je laissai libre cours à la bonté qui m'est naturelle et je dis :

— Il suffit ! Embarquez-le.

A la vérité, cela se pouvait, pour ce que, les vents ayant calmé, la mer venait à s'adoucir.

Je ne connaissais point ce bougre qui n'était pas de mes gens. Je sus plus tard qu'il se nommait Tiburce et n'eus pas à me louer, par la suite, d'avoir cédé à ce mouvement de mon cœur, car il me paya de la plus noire ingratitude.

On me pardonnera de ne me point étendre sur les souffrances qu'il nous fallut endurer, errant plus de vingt neuf jours et nuits sur les flots, n'ayant bientôt plus, pour nous soutenir le ventre, que miettes de biscuits gâtés par l'eau de mer, et les poissons volants qui venaient à tomber sur notre bord, ce qui était rare, ou ceux-là que nous pouvions frapper de nos avirons lors qu'ils nous sautaient par-dessus. Encore nous fallait-il les manger tout crus. Pour ce qui est du boire, j'avais pris mes précautions, et le bon vin ne nous manqua pas et fut bien utile pour nous aider à souffrir le froid et le chaud. Et il nous fallut lutter souventes fois contre vents et courants contraires. Le marin que je suis n'est point de ceux dont les éléments ni l'adversité peuvent venir à bout aisément. Durant ces jours, il nous mourut deux hommes, ce qui allégea le bateau. Enfin nous fûmes jetés, plutôt que nous abordâmes, sur la bande Nord de la grande Jamaïque, en un pays bien sauvage, proche la bouche d'une rivière que je sus plus tard être le rio Montero.

Après vingt et quatre autres jours de marches bien pénibles, allant toujours vers l'Est, nous arrivâmes en un lieu où étaient quelques habitants qui, quoique Anglais et parpaillots, nous accueillirent chrétiennement.

Nous n'étions plus que cinq lors que nous y parvînmes. A savoir : Le Bègue, Boisbrulé, mon chirurgien, moi-même et ce Tiburce que j'avais été assez stupide pour tirer de l'eau, qui avait la peau plus dure que cuir de caïman, et dont la mer, les tiburons, les fièvres et les bêtes féroces n'avaient point voulu. Ce fut tout ce qui fut sauvé de ce naufrage, car personne n'ouit plus jamais parler des autres, et j'en suis bien chagriné pour le brave Capitaine Julien et beaucoup d'autres bons Frères de la Côte, qui ont assurément péri en ce malheur.

Je ne dois point omettre de dire que ces parpaillots qui nous secoururent ne le firent point gratis. Il nous fallut leur passer une belle part de l'or que nous portions à nos ceintures, et je fus encore assez sot pour donner du mien pour ce Tiburce qui n'avait rien à lui, ayant dû aller jusqu'à se vêtir des candales et habits de nos morts.

Ces Anglais sont gens tant avaricieux et si fort affriandés par le gain, que je m'amusai, par vengeance, à leur jouer tour de ma façon. Je laissai entendre à l'un d'eux, comme en grande et amicale confidence, que nous avions, en notre barque, ramené de Pancorbo de Indias, un gros coffre tout empli de perles, pierres, joyaux et or monnayé, mais, qu'étant trop lourd pour être porté, nous l'avions mis au fond d'un trou dans la terre, en un lieu proche la bouche du rio Montero, nous réservant de le venir chercher par la suite, et je fis le semblant comme de juste, de ne point lui vouloir dire le lieu précis ni les repères pour le trouver. Tout cela était pure fable. Mais ces gens sont tant cupides et ont la tête si bien farcie d'histoires de trésors cachés par les flibustiers, que je ne doute pas qu'ils ne fussent allés là-bas sitôt qu'ils nous virent les talons, pour fouiller tout le sol en l'espoir de déterrer avant nous ce coffre imaginaire, et ils sont si opiniâtres que je tiens pour certain qu'ils s'amuseront à le chercher durant des générations. N'ayant point de bateaux pour s'y rendre par mer, je me plais à penser ce qu'ils ont pu souffrir, tant pour l'aller que pour le retour, en ce voyage inutile, car, pour venir du rio Montero au lieu où sont leurs habitations, il nous fallut faire bien cruel pèlerinage en une contrée barbare. Nous traversâmes des fleuves infectés par les crocodiles [1]. Nous fûmes attaqués de nuit par les tigres mouchetés qui sont plus agiles et féroces que ceux du Bengale, nous échappâmes à grand peine aux dents pointues des féroces cannibales qui peuplent ces régions, nous fûmes poursuivis par un serpent qui avait plus de septante pieds de longueur. Je fus mordu à la jambe par un reptile plus petit. Je ne m'en sauvai que pour ce que je bus de ma propre urine qui est le meilleur remède qui se puisse trouver. Nous eûmes tous les jambes mises en sang par l'ouvrage des bêtes rouges et des chiques. La bigaille nous attaqua par nuages si épais qu'elle nous cacha parfois la lumière du soleil et nous fit la nuit en plein jour. Nous dûmes franchir hautes montagnes et traverser forêts impénétrables, battant les branches et les troncs avec le sabre. Il nous fallut avancer en pestilentiels marécages. Et allant toujours le ventre vide et bien fort travaillés par la soif, car il nous avait bien fallu laisser dans le canot deux quartauts de vin qui n'étaient point encore vides mais étaient trop lourds pour être portés. Pour ceux-là qui

1. Le capitaine Borgnefesse s'est laissé là entraîner par son imagination. Il n'y a pas, et il n'y a sans doute jamais eu, de crocodiles à la Jamaïque, pas plus que des tigres et des panthères, et encore moins des serpents de soixante-dix pieds de longueur, et il n'y restait plus de cannibales au XVIIe siècle.

burent l'eau du marais, ils trépassèrent peu après d'un flux du ventre qui leur fit rendre jusqu'à leur sang et leurs tripes. C'est ainsi, avec quatre autres, que finit Juanita. Et Boisbrulé en eut bien du déplaisir.

Je m'arrête sur toutes ces misères que nous endurâmes, pour ce que je connais l'indifférence des gens, même les plus honnêtes et compatissants, en regard des malheurs qui sont advenus à autrui. Le récit des souffrances les plus épouvantables ne saurait venir à émouvoir leurs entrailles, tandis que, lors qu'ils attrapent eux-mêmes la plus petite traverse, ils clament à grands cris que le monde entier se devrait mettre en branle pour les venir secourir.

XII

La dame du Santissimo-Barbastro

Nous étions bien démunis lors que nous pûmes regagner Léogane et, par la suite, la Tortue.

Après avoir tenu grandes richesses je n'avais plus que ce qui me restait des pièces d'or ramenées dans ma ceinture et quelques perles et pierres. Mais ces Messieurs de la Compagnie connaissant mes mérites, me voulurent bien avancer une somme avec laquelle je me pus procurer une méchante barque de trente-huit pieds de long, portant pour tout deux petits canons de quatre livres de balle, et sur laquelle, peu après le passage d'un ouragan qui ravagea toute la mer des Antilles, je partis avec trente-huit aventuriers pour essayer de me refaire. J'établis ma croisière dans le débouquement des Caïquos, par où passent, pour l'ordinaire, les navires qui vont d'Espagne à tous les ports des Indes occidentales, ou le contraire.

Le Bègue ne fut pas de ce voyage pour ce qu'à deux jours du départ, il fut attaqué du mal de Siam, dont il échappa.

Dès le surlendemain, au soleil levé, à toute vue de la pointe du Môle Saint-Nicolas, nous perçûmes un vaisseau assez gros qui se traînait comme tortue sur ses voiles basses, vers le Ponent. L'ayant approché, nous le reconnûmes pour espagnol. Il avait été fort maltraité par la tempête, n'ayant plus debout que deux de ses bas mâts, le grand et celui de misaine, l'artimon étant brisé net à quatre pieds au-dessus du tillac. Comme il n'avançait guère et se gouvernait mal, n'ayant point assez de vitesse pour ce faire, je n'eus pas de peine pour l'attraper et me placer sur son arrière, de façon que son artillerie ne nous pût faire de mal. Après quoi je hissai le pavillon de la Flibuste en même temps que je lâchai dans son arcasse un coup de canon à boulet. Il amena sur-le-champ l'Enseigne de Castille qu'il avait à sa poupe, et mit en panne.

Ayant sauté dans mon canot, je fus aussitôt à son bord. J'y fus reçu, au haut de l'échelle, par le capitaine. C'était un homme sur l'âge avec cheveux blancs et barbe grise, de fort belles manières et qui avait pour nom Don Alonzo de Bruscar. J'appris de sa bouche que les éléments l'avaient mis à deux doigts de sa perte et il ajouta que le bâtiment, qui se nommait le *Santissimo-Barbastro*, étant vieux, faisait eau comme panier depuis l'ouragan, ne se soutenant à flot que par l'effort constant des pompes. Il dit encore qu'il n'avait amené bas son pavillon si promptement que pour ce qu'il se voyait hors d'état de pouvoir essuyer le combat, car son équipage était des plus réduits. Plus du quart avait péri par le scorbut durant la traversée de l'océan, qui avait été fort longue en durée, et un autre quart était sur le point d'avoir même sort. Sans compter quatre hommes qui avaient été emportés par grosses lames de fond et quatre encore estropiés pendant la tourmente. Ce qui restait était épuisé de fatigue tant par l'effort qu'il avait fallu fournir pour se défendre des vagues, que par celui qu'il fallait continuer aux pompes. Il avait quitté Cadix deux mois auparavant, avec un chargement de papier, toiles manufacturées, vins et autres choses, qu'il avait à porter à Carthagène, où il pensait, ce présent, que tout cela n'arriverait jamais.

Il me conduisit, le plus galamment du monde, jusqu'à la chambre de poupe, où il me montra, avec la meilleure grâce, tous ses papiers de bord, tant Commissions et Lettres de voyage, que les inventaires de cargaison. Je suis fait ainsi que je ne me peux empêcher d'agir envers ceux-là qui se montrent civils et courtois, d'une autre manière qu'ils font avec moi, tout autant comme je sais me rendre redoutable envers ceux-là qui en usent autrement. Don Alonzo de Bruscar, dont l'humanité avait su éviter de faire, sans utilité, couler le sang, était de la première sorte. Ce pour quoi je ne crus pas devoir en agir envers lui, moins noblement qu'il faisait à mon égard, et lui dis que, dans l'état où il était, il me devait considérer plutôt comme un sauveteur que comme un vainqueur. Je lui laissai son épée, et lui confiai l'espérance où j'étais de pouvoir mener le bâtiment jusqu'au Petit-Goave, d'où je trouverais bien le moyen, après accord sur la rançon, de le faire passer, lui et ses gens, à la terre de Couve. Je lui laissai sa chambre, qui était belle, ne prenant pour moi que la gabane du second lieutenant, laquelle était en bas, ne voulant point davantage que le premier lieutenant se dérangeât. Le second s'en fut dormir en celle de l'écrivain, lequel avait trépassé trois jours auparavant, et il avait le choix entre quatre autres gabanes car, de cinq officiers qu'ils étaient au partir de Cadix, il ne restait de vivants que ces trois, le Padre et le chirurgien leur étant morts aussi, en sorte que les pauvres qui étaient malades, et nombreux, ne pouvaient espérer aucun secours, tant temporel que spirituel. Nous dînâmes tous quatre de vivres frais que je fis venir de ma barque et dont ils se régalèrent. Ces mets furent arrosés des premiers vins d'Espagne. Malgré cela le repas ne fut point gai, le maître-valet nous ayant appris, lors que nous attaquâmes le rôt, que les pompes ne franchissaient point, et que les eaux montaient toujours en la cale, et tous nos propos étaient accompagnés du bruit et grincement des bringueballes qui n'arrêtaient point.

J'ai dit que j'espérais, pour lors, être en mesure de conduire le bâtiment jusqu'à la côte basse de Saint-Domingue, ou, à défaut, à la grande Gonave. Dès le lendemain il me fallut déchanter, les vents s'opiniâtrant à demeurer faibles et de l'est.

Ma barque avait bien pris le lourd navire en ouache, et, pour mieux faire, j'y avais fait border les avirons, mais elle était bien trop chétive pour l'aider beaucoup à aller de l'avant, et, bientôt, il me parut que je serais peut-être réduit à abandonner ce bâtiment, me contentant de sauver le monde, d'autant que le soir, l'eau était encore montée de deux pieds dans les fonds, malgré que j'eusse fait donner du vin à volonté aux hommes qui étaient aux pompes. On peut en user ainsi avec les Espagnols, qui sont, pour l'ordinaire, gens sobres et point inconsidérément portés sur la boisson. Si on agissait ainsi avec nos gens, on les mettrait vite ivres, et hors d'état d'être utiles.

Le jour suivant, comme je m'étais levé dès matines et sortais de ma gabane pour monter, à fin de savoir où l'on en était et donner mes ordres, je vis avec surprise, lors que je m'approchai de l'échelle d'écoutille, descendre par la dite échelle, d'abord deux menus et jolis souliers à pont, suivis d'un bas de jupe de brocart magnifique, élargi par un fort énorme vertugadin à trois ou quatre cerceaux. Des rubans à ferrets fermaient l'ouverture de cette jupe sur un jupon à la friponne. Puis je vis le corps de jupe, enrichi des joyaux les plus brillants. Je vis en suite, à mesure que descendait la Dame, son col, qui était nu, et portait superbe collier de perles à quatre rangées, et, pour finir, le visage, qui était des plus beaux, poudré et fardé à ravir, avec un air de dédain et de fierté que je n'ai point oublié. Il était mis en grande valeur par le cadre d'une large fraise à l'espagnole, à trois rangs de godrons. Et, par-dessus le tout, un très haut et surprenant peigne d'écaille. Il dominait d'un demi-pied une chevelure fort large, plus sombre que plumage de corbeau et cachant les oreilles, qui ne se laissaient deviner que par deux superbes pendants de perles noires enchâssés d'or.

Tandis que je demeurai tout pantois, cette belle personne, plus imposante que Princesse de Sang Royal, ayant fini de descendre l'échelle, passa tout auprès de moi, sans me plus regarder que si je n'existais point. Elle s'en fut vers la porte du second lieutenant qu'elle ouvrit et entra en la gabane en refermant la dite porte par derrière elle.

J'étais tant ébaudi que je demeurai un temps comme statue de sel. Je me résolus enfin à m'en aller faire part de ma surprise à Don Alonzo de Bruscar, que je trouvai chez lui, en déshabillé, et encore couché sur sa camagne.

— Señor, lui dis-je. Votre Grâce ne m'a point dit qu'il y avait une Dame sur ce navire, et je viens la prier de me donner la raison pour quoi elle me l'a célé.

— Señor Capitan, me répondit-il, point n'ai-je rien caché à Votre Grâce ni menti. Il n'est point aucune personne du sexe sur ce navire.

— Señor, répliquai-je, point n'ai-je la berlue, ni point,

non plus, bu plus qu'il n'est raisonnable car nous sommes de grand matin. Or je viens de voir, de mes deux yeux que voilà, une superbe Dame, vêtue comme Infante de Maison Royale, entrer chez Don Isidoro, second lieutenant de Votre Grâce.

— Santa Madona ! s'écria-t-il. Votre Grâce l'a vue ! Et, ceci ayant dit, il se leva et se signa et il reprit :

— Señor Capitan, point ne mens de par le Christ. Il n'est aucune femme sur ce bord. Je n'en embarquai aucune à Cadix, et point n'en ai-je rencontré en traversant la mer océane. Que Votre Grâce veuille prendre siège et boire de ce délectable vin d'Oporto pour la remettre de sa surprise et la préparer à celle, plus grande encore, qu'elle ne pourra manquer d'éprouver, entendant ce que j'ai à lui dire sur ce point. La Dame que Votre Grâce a rencontrée et que je n'ai, moi-même, vue que deux fois depuis que j'ai quitté l'Espagne, n'est point faite de chair et d'os, mais seulement apparence et illusoire fantôme. Ce que Votre Grâce a vu est celui de Doña Iréna de Benalcazar y Morron.

Bien avant que d'être destiné à faire voile vers la Nouvelle Espagne, ce navire qui nous porte, fit partie, alors qu'il était en son neuf, de l'Armada de Don Oquando qui donna bataille, sous les dunes d'Angleterre, aux vaisseaux hollandais de l'Amiral Tromp. A bord de ce navire était un jeune seigneur des plus nobles et des plus beaux de notre province d'Estramadure, Don Francisco de Benalcazar y Morron, qui venait d'épouser, par grand amour de part et d'autre, la fille du marquis de Quintanar, et cela, quelques mois seulement avant que de partir en guerre. Or il advint qu'à cette bataille dont j'ai parlé, un boulet hollandais coupa en deux ce beau jeune homme.

Lors que Doña Iréna apprit son malheur, elle était

grosse de six mois. Trois mois après, elle accoucha d'un garçon. Ayant par là assuré l'avenir du nom, elle confia par lettre cet enfant à une fidèle nourrice, ainsi qu'à la marquise de Quintanar, sa mère, et, peu après ses relevailles, se perça le cœur d'un poignard.

Depuis lors, à bord de ce navire-ci, où fut frappé à mort celui que tant elle aimait, de nombreux Officiers et mariniers ont vu, comme vous, son apparence, et même le vieil Amiral Papachim, qui a connu cette Dame alors qu'elle était de ce monde, et ayant, par la suite, monté ce bâtiment, m'a assuré l'avoir rencontrée un soir dans la grand'chambre et l'avoir pu reconnaître formellement. Cependant que Votre Grâce n'ait crainte ! Je n'ai jamais ouï dire qu'elle eût jamais fait quelque mal à quiconque. Ce pourtant, il n'est guère plaisant de la voir, car elle se montre, à l'ordinaire, lors que va survenir quelque événement funeste, bataille malchanceuse, tempête ou autre mauvaise fortune de mer et de voyage. Toute la traversée s'est faite, jusqu'à ces derniers jours sans que personne à bord l'aperçût, et je peux dire que je ne croyais plus qu'à demi à cette histoire. Mais, depuis lors, je l'ai vue deux fois comme je l'ai dit. Premièrement, ici même où nous sommes, la veille du jour où la tourmente se déchaîna et, secondement, le matin de celui où je dus abaisser mon pavillon devant le vôtre. Elle se tenait, pour lors, sur le gaillard, tandis que j'allai sur l'avant pour voir si avançait une réparation que je faisais faire aux charpentiers pour rétablir les bossoirs d'ancré. Ce matin-là, qui était hier, je ne fus pas seul à la voir. Tous ceux-là qui étaient avec moi la virent comme je vois Votre Grâce. Elle passa au milieu de nous sans regarder personne, prit l'échelle d'écoutille et descendit jusqu'à l'entrepont où les quelques hommes que j'avais mis à surveiller la montée de l'eau avec des lanternes, questionnés par moi, m'ont assuré n'avoir rien vu. Je suis bien malcontent qu'elle soit revenue. Mon bateau va périr, voilà qui m'en donne certitude. Il nous faut l'abandonner sur-le-champ.

Je répondis à cet honnête homme que cela n'était point si pressé, que le mieux était d'aller chez le second lieutenant où je l'avais vue entrer et qu'il y avait toute apparence pour qu'elle y fût encore, car je n'étonnerai point si je dis que, pour lors, je ne croyais pas un mot de cette fable. Nous allâmes donc frapper à la porte du lieutenant qui nous ouvrit aussitôt. Il fut bien surpris de notre visite et de nos demandes, et jura, par le Christ, qu'il n'avait rien vu, ni même rien entendu.

Pour lors, je pensai que les fatigues de la mer et de la traversée avaient dérangé les cervelles de tous ces gens, ou qu'on me voulait abuser et cacher la présence à bord de quelque haute et notable personne et je remis à plus tard le soin de m'en éclaircir. Je fus sur le haut tillac où je vis que les vents n'avaient point changé d'aire et où j'appris de la bouche du Maître-calfat que les eaux montaient toujours dans les fonds, malgré que les hommes n'arrêtassent point de bringueballer, et il ajouta que tous étaient recrus de fatigue et sur le point de refuser le travail. Je fis réflexion qu'étant Espagnols, il se pouvait qu'ils n'eussent guère de courage ni de cœur pour aider à mener le navire à un port ennemi de leur nation, où il ne manquerait point d'être réparé et tourné contre eux. J'ai omis de dire que j'avais fait venir de mon bord douze de mes meilleurs bonshommes comme équipage de prise. C'étaient tous gaillards robustes et solides lurons. Je décidai de les mettre aux pompes. Mais ils prétendirent ne point vouloir faire ce métier, qu'ils disaient bon pour galériens. Il fallut que je leur fasse grande harangue et les prenne par la ladrerie, leur montrant le profit qu'ils auraient si je parvenais à conduire ce bateau au Petit-Goave, par vente de la marchandise, et que, de plus, ce vaisseau qui était percé pour vingt-huit pièces de canon et en portait douze, de belle fonte verte, une bonne fois radoubé, espalmé et gréé de neuf, pouvait encore faire bon service. Ils se rendirent à ces raisons et descendirent bringueballer.

La demie d'une heure étant passée, j'étais près de la manuelle où je surveillais avec grande attention la route que nous faisions par la boussole, et Don Alonzo, qui s'était habillé, était venu me rejoindre et se trouvait à mes côtés, lors que je vis remonter mes hommes dont l'épouvante faisait les visages quasi méconnaissables. Ils ne pouvaient parler, et d'aucuns ne répondirent à mes demandes et questions qu'avec des signes de la Croix. Enfin, un d'eux parvint à me conter qu'ils en étaient à manœuvrer la grande pompe, lors qu'ils virent venir une Dame très belle et superbement attifée. Etant sur un vaisseau conquis, ils voulurent faire de même que font souvent les flibustiers lors qu'ils en trouvent l'occasion, à savoir : s'amuser avec la belle. L'appel du sexe étant chez ces bougres plus fort que le devoir, ils eurent tôt fait de lâcher les bringueballes pour courir après la Dame et l'entourer. Je compris vite qu'ils avaient voulu porter la main sur elle avec tous les gestes déplorables, malhonnêtes et indécents que je devinai. Je fis donner un grand pot de vin de Xérès à celui qui parlait, lequel était Breton de Saint-Lunaire, cela lui fit la langue un peu plus agile, et il put narrer qu'ayant pris la Dame pour l'embrasser, elle s'était soudain révélée faite de vide et de rien, et s'était, en ses bras, évaporée comme une fumée. Ce ayant dit, il se signa, s'agenouilla et réclama confession. Don Alonzo lui ayant appris que le Padre qui servait d'aumônier avait été, deux semaines auparavant, emporté du scorbut, il se voulut pour lors confesser à moi, mais je l'en empêchai, n'ayant cure d'ouïr ses péchés, et ayant bien autres choses en tête.

J'essayai plutôt de rassurer mes gens et les renvoyer aux pompes. Mais aucun ne le voulut, demandant tous à quitter ce bateau maudit, où se rencontraient des diablesses de forme humaine, qui lors qu'on les voulait approcher, se dissolvaient plus prestement que sucre de canne dans un verre d'eau.

Après avoir tenu conseil avec Don Alonzo et ses deux lieutenants, nous reconnûmes que, personne ne voulant plus bringueballer, il ne restait rien autre à faire qu'abandonner le bâtiment. Nous convînmes que, les tenant quittes de toute rançon, je les laisserais eux et leurs gens, gagner la terre de Couve qui est espagnole, comme j'ai dit.

N'y ayant plus personne aux pompes, le *Santissimo-Barbastro* s'enfonçait promptement. Les dernières heures qu'il pouvait flotter furent employées à transporter à mon bord le peu qu'on pût sauver de la marchandise, par va et vient de mes deux chaloupes et aussi de la seule embarcation qui restait sur le vaisseau, la mer ayant enlevé les autres. Tout ce que nous pûmes emporter monta en tout et pour tout, outre un petit coffre empli de pièces monnayées, à quelques effets, étoffes et draps, et une douzaine de barils de vins de Xérès, Malaga, et Oporto en Portugal.

Vers le midi l'eau était déjà à clapoter un pied au-dessus du franc-tillac. J'avais fait carguer et ferler les voiles qui auraient bien pu faire retourner le navire, lequel commençait à balancer vilainement d'un bord sur l'autre. J'eus le temps de faire la méridienne, qui me plaça à treize lieues marines de la pointe de Maise, qui est celle la plus à l'Est de l'île de Couve. J'eus l'humanité de laisser aux Espagnols une de mes chaloupes pour ce qu'ils étaient plus de soixante, et donc bien trop pour tenir en leur seule embarcation encore qu'elle fût assez grande. On laissa à leur méchant sort les plus malades. Aussi bien, ils étaient destinés à périr et la noyade, étant plus brève, est par là moins cruelle que la maladie. Il n'y avait donc, à ce faire, aucune barbarie.

Je pris congé de Don Alonzo, lequel, ému aux larmes de ma générosité, m'embrassa avec mille grâces et mercis. Il prit le commandement de sa grande barque en laquelle il descendit premier. Don Izquierdo, son lieutenant principal, prit celui de la chaloupe, et les Espagnols se logèrent comme ils le purent en ces deux esquifs, lesquels, quand ce fut fait, n'avaient plus qu'un quart de pied de franc bord, et nul n'eut pu bouger qu'il eût fait retourner le bateau sur l'instant. Lors qu'ils eurent débordé, je passai avec mes gens dans ma seconde chaloupe et nous gagnâmes notre bâtiment. J'avais convenu avec Don Alonzo que je le tirerais en ouache jusqu'au soir pour l'approcher de sa terre de Couve. On était à passer les grelins que nous vîmes tous la chose la plus surprenante qui se pût voir et concevoir. C'était la Dame, toujours vêtue de ses magnifiques atours, qui avait, elle aussi, quitté le *Santissimo-Barbastro*, et qui, présentement, s'en allait d'un pas fort tranquille, en marchant sur les vagues, comme fit Jésus sur le lac de Tibériade. Elle avançait avec superbe, tout aussi paisiblement que si elle se fût promenée sur quelque terrasse des jardins de Versailles. Elle allait vers le Nord-Est, ce qui fit qu'elle passa non loin de nous qui étions muets et bien saisis, comme il se comprend. Quand elle fut à notre hauteur, Doña Irena de Benalcazar y Morron, qui, à bord, passait toujours comme sans jamais voir personne, se tourna vers nous et nous fit belle et très grande révérence de Cour. Nous la saluâmes du chapeau, je parle pour ceux qui en avaient, du plus noblement et respectueusement que pût tout un chacun. Je dois dire que le salut que lui fit Don Alonzo de Bruscar, fut d'une ampleur et d'une grâce infinie et impossible à surpasser.

Doña Irena reprit son chemin sur la mer. La route qu'elle avait choisie était celle de l'Espagne, sa patrie.

Lors que le *Santissimo-Barbastro* s'abîma tout droit dans les flots, l'eau entrant par tous les sabords, la Dame était déjà loin et ne se percevait encore qu'avec la lunette à longue vue.

Je la quittai un temps pour voir le *Santissimo-Barbastro* partir pour aller vers le fond, ce qu'il ne fit pas sans majesté. Lors que les vergues et les hunes eurent disparu, je remis ma lunette à longue vue au Nord-Est, mais je ne vis plus rien sur la mer...

Tout ce que j'ai avancé là n'est que vérité pure. Don Alonzo de Bruscar, qui est gentillhomme, en peut témoigner, s'il a pu attraper la terre de Couve, dans son embarcation trop chargée, ce dont je ne suis point assuré. S'il est des survivants, à l'heure où j'écris, parmi la soixantaine d'Espagnols et mes trente et huit flibustiers qui, comme je l'ai vu moi-même, ont vu pareillement de leurs deux yeux, la belle Dame marcher sur les eaux comme un Christ, ils en peuvent témoigner aussi. En tout cas, et pour toute certitude, s'il se rencontre quelque part, où qu'il soit et à quelque nation qu'il appartienne, un quelconque quidam pour oser en douter ou en rire, il convient qu'il sache bien que, tant que mon bras pourra tenir l'épée eu main, je suis prêt à lui en demander raison, et lui donner sujet à bien regretter, dans le sang, son incrédule et sotte insolence.

XIII

Histoire du revenant qui ne voulait point être cocu

On peut me croire si je dis que les revenants ne sont point aussi rares aux Amériques comme en France. Cela tient à la grosse quantité de sorciers qui s'y trouvent, tant caraïbes que nègres, mulâtres, voire espagnols. Nombreuses sont même les femmes de cette nation qui pratiquent cet art déplorable dont elles tiennent les secrets, soit des gitanos et autres maugrabiens qui vivent au midi des Pyrénées, soit de certains de leurs esclaves noirs qui ont porté de l'Afrique aux Iles, ces pratiques maudites que l'Eglise combat avec moins de succès là-bas que de ce côté-ci des océans.

Une singulière aventure est advenue au Capitaine Vincent, que je tiens de sa bouche, et Vincent n'est point homme à menteries, ni dérangé aucunement de la cervelle. Tout le contraire, c'est un natif de Normandie, dont l'esprit ne se perd point en fumées, et plutôt porté à voir les choses sur le chapitre du réel que sur celui du merveilleux. Gros vivant pour le manger, le boire et le reste sur lequel il est fort et bien gaillard.

Donc, lors de la prise de Tecolutla il fut embrasé

d'un amour violent pour une jeune dame de la ville. Sous un chétif prétexte de trésor caché, il commença par casser la tête au mari d'une décharge de son pistolet, après quoi il prétendit aussitôt à le remplacer. Mais la señora ne répondit point à son ardeur, ce pourquoi il se vit, quoique à regret, dans l'obligation d'user de la force.

On peut faire reproche sur ce point aux gens de la Flibuste qui sont parfois trop impatients en les affaires du cœur. Il faut toutefois faire remarque qu'ils passent, pour l'ordinaire, fort peu de jours en les places et villes qu'ils conquièrent. Seulement le temps qui est nécessaire pour se rembourser des frais de l'expédition et trouver, de surplus, leur profit, et cela par indemnités, rançons, pillage et autres moyens de bonne guerre. En suite de quoi, craignant que les Espagnols ne viennent en force des villes voisines averties, ils décampent, le plus souvent quatre à cinq jours après leur venue. On conviendra que c'est là temps bien court pour séduire le cœur d'une dame par galanteries, flatteries, mignardises, compliments comme il est de mode à Paris. Ce pourquoi ils sont souvent enclins à brusquer les choses.

Il s'en suivit donc, en la chambre même de la dame, un combat dont Vincent semblait ne pouvoir manquer de sortir vainqueur, encore qu'un peu griffé et mordu. Il était parvenu à jeter la belle sur le lit et lui avait déjà troussé la cotte et lui-même avait abaissé sa culotte, lors qu'il sentit une volée de coups sur ses fesses nues.

S'étant retourné prestement, il ne fut pas peu surpris de voir le mari qu'il croyait mort depuis deux jours, qui se tenait près du lit. Et c'est lui qui s'appliquait à donner de la canne sur le derrière de Vincent.

Ce dernier ne fut point long à se jeter hors du lit et à s'armer de son épée. Il pensait pour lors qu'il avait été assez sot pour manquer son homme l'avant-veille encore qu'il fût bien bizarre qu'un personnage qui a reçu une balle de pistolet entre les deux yeux se porte, deux jours plus tard, tout autant bien qu'un benoît moine ou évêque bedonnant.

Vincent releva ses braies qui le gênaient sur ses talons, et, les retenant de sa main gauche, il marcha la pointe en avant vers le mari, qui, pour se défendre, n'avait rien autre que la canne dont il avait frappé tout à l'heure. Je connais Vincent pour homme d'honneur et quoique se voyant sur le point d'être obligé de tuer son rival une seconde fois, il lui répugnait à larder, devant une femme, un homme quasi désarmé. Mais ce dernier avança vers lui sans nulle frayeur, il avait beau crier : « Arrête ou je pique ! » l'autre venait toujours, ayant même jeté sa canne, avec les deux mains en avant, comme pour étrangler. Ayant reculé de quelques pas et n'ayant plus de place pour ce faire, Vincent se résolut, encore qu'il ne soit jamais plaisant de faire ainsi le boucher, à lui donner un grand coup de son épée dans le corps. Mais l'homme n'en tomba pas comme il l'eût dû, et, ayant retiré son arme, Vincent vit avec surprise que la lame ne portait aucune trace de sang, ce qui fit que le sien commença à se glacer d'épouvante en ses veines.

Il piqua derechef, ce pourtant, avec fureur, en donnant tant dans la tripe que dans l'estomac, mais le personnage ne s'en portait point plus mal et, ne disant mot, continuait doucement d'avancer, avec toujours le même geste d'étrangler.

C'est pour lors que Vincent ouït un grand rire derrière lui. C'était la dame qui, remise de son émoi, se gaussait à belles dents et criait :

— *José ! Quérido mio ! Mata lo ! Mata el ladrone de mi honor !*

Si je dis que Vincent était un rude homme qui n'avait connu jusqu'alors ni peur ni terreur, on peut bien me croire. Il était à mes côtés lors de la prise de Gibraltar de Indias, où nous escaladâmes ensemble les gabions du fort, et je l'ai vu sous mes yeux, monté sur sa chétive barque de quatre canons, se jeter à l'assaut d'un vaisseau de Castille, lors de l'affaire de Corosal, et l'emporter en peu d'instants. Mais il me confessa, lors qu'il me conta cette histoire, qu'il avait, cette fois-là, été paralysé par la plus mortelle épouvante. Il n'eut que la force de se jeter par la fenêtre qui était celle de l'étage. Il chut dans la cour, où il se démit la cheville et se meurtrit bien fort les reins. On s'étonnera peut-être qu'un homme de la Flibuste, lesquels sont mieux agiles que tous les écureuils des forêts, ait essuyé tel accident en un petit saut qui n'excédait point dix à douze pieds de hauteur. Vincent m'en donna le pourquoi, lors qu'il me dit que sa main gauche, en son désarroi, ayant lâché sa culotte, elle était retombée sur ses talons et vint à l'entraver lors qu'il enjamba le balcon.

Ne se pouvant relever ni bouger, tant étant grande sa douleur, il demeura là le restant de la nuit, en proie à la plus grande transe, se signant à toute minute, invoquant la Vierge et Monsieur Saint Yves et Saint Vincent martyr, son saint Patron, pour qu'ils vinssent à son aide, croyant toujours voir arriver l'hidalgo avec ses mains pour l'étouffer, et s'efforçant de se remémorer toutes les prières et patenôtres que sa mère lui avait apprises à Honfleur, alors qu'il était enfant, et qui, pour la plupart, lui étaient sorties de la cervelle.

Ses hommes, qui le cherchèrent au matin, le trouvèrent là, tout geignant et le cul à l'air, et le portèrent à son bord. Ayant vu d'abord le chirurgien qui lui remit le pied en place, il manda en suite le Père Curé du lieu, qui ne se fit pas peu prier pour venir à bord d'un navire de la Flibuste et qu'il fallut amener, mi de gré, mi de force. Vincent lui conta l'histoire. S'étant assuré que Vincent était Catholique romain et baptisé, il exigea d'abord qu'il se confessât, ce qui ne fut point aisé pour ce que Vincent ne connaissait que peu de mots d'espagnol et, comme il est naturel, le Padre n'entendait goutte à notre langue. Il fallut recourir à un interprète, ce qui, en ce genre de chose, ne laisse pas d'être un peu choquant. Mais Vincent avait assez d'émoi pour passer là-dessus. Ceci étant fait, et après qu'il eut reçu l'absolution, on reprit l'affaire, toujours par le truchement de l'interprète, Vincent ayant juré sur le Crucifix de dire la vérité et rien que la vérité.

Le Padre voulut bien reconnaître qu'il ne pouvait s'agir que de sorcellerie. Sur quoi Vincent prétendit que c'était là tour de la señora qui ne pouvait manquer d'être nécromancienne, et il n'en voulut démordre, demandant qu'elle fût aussitôt jugée et condamnée à être brûlée comme il doit être fait des sorcières, et il fallait bien qu'elle le fût, pour avoir su ainsi faire revenir un mort. Ce à quoi le Padre répondit que la dame avait pour bonne excuse de n'avoir employé sa science mauvaise et maudite qu'en dernière défense, et pour sauvegarder, à l'ultime minute et sa vertu et son honneur. On convint donc, après avoir longuement argumenté et disputaillé de part et d'autre, que la dame serait mise, dès ce jour, en un couvent, attendant qu'il fût fait requête pour qu'elle passât devant un Tribunal Ecclésiastique, à fin de démêler si elle avait eu, bien réellement, recours aux pratiques de la sorcellerie et que, si cela venait à être prouvé, elle en fût punie, comme de juste. Ce Tribunal relève en dernière main de la Très Sainte Inquisition, laquelle, comme on le sait, n'a pas réputation d'être clémente aux magiciens, nécromants, et autres serviteurs de Satan qui pratiquent cet art qui nous vient tout droit de l'Enfer.

Pour moi, n'étant point partisan de la force en les choses de l'amour, je ne donne point tous les torts à cette dame. Elle est seulement à blâmer pour avoir usé d'un moyen que l'Eglise réprouve. Pour ce qui est de se défendre, les femmes ont bien d'autres cautèles et ruses infinies et diverses, dont beaucoup sont moins répréhensibles. Guillaume le Boiteux m'a conté qu'une fois, ayant rencontré une belle femme sur un bateau qu'il avait pris, il la voulut posséder. Mais la belle était si fort travaillée du mal de mer, que, lors qu'il la voulait approcher, elle trouvait toujours le moyen de l'arroser d'ordure par le haut, ce qui lui enlevait sur-le-champ toute ardeur et courage, si bien que, durant les vingt jours qu'ils demeurèrent sur la mer, il fut tenu en respect par cette artillerie. Lors qu'on vint au port, ce fut une autre affaire. Se voyant désormais sans munitions, elle se jeta dans l'eau. On la repêcha, et Guillaume, ne voulant point sa mort, la laissa en paix, car elle lui dit qu'elle le referait à coup sûr s'il parvenait à ses fins.

Mais le mieux, sur cet article, je le tiens du vieil Cameyrelongue, auquel un médecin juif a assuré que les Incas du Pérou connaissent une certaine herbe qui, frottée sur les endroits en danger, les fait impénétrables. Et, par là, lors que Pizarre prit Caxamarca, les vainqueurs ne purent avoir aucune femme ni fille. Toutefois cette plante est bien dangereuse pour ce que, si l'on en met trop, elle va jusqu'à empêcher le jeu des fonctions naturelles, ce qui peut amener le trépas. Après l'entrée des Espagnols en la ville, il y eut beaucoup des habitants des deux sexes qui finirent ainsi, et même des personnages d'importance, tels que princes, prêtres de leur religion, ministres, juges, qui s'en étaient barbouillé le derrière, par précaution.

XIV

Histoire de Lisette Sucre

Mais il ne faudrait point croire que tous les revenants qui se montrent aux Iles, soient toujours vrais revenants.

En ce temps, la Tortue avait bien changé depuis celui où j'y avais débarqué. La ville, qui est bâtie sous le fort de la Roche, avait beaucoup enflé, et il n'y manquait plus de femmes et de filles. Outre celles qui y avaient été portées par les frégates à ribaudes de Monsieur d'Ogeron, un vrai régiment de putes, ponisses, gouapes et catins de tout poil et de toutes couleurs y avait établi son quartier. Les unes avaient été amenées par les Flibustiers de leurs expéditions sur les villes de la Nouvelle Espagne, d'autres y étaient venues de leur plein gré, appâtées par l'or qu'elles étaient bien expertes à rafler aux Frères de la Côte, lesquels le prodiguaient au jeu, au boire ou à la volupté, plus prestement encore qu'ils ne l'avaient gagné.

La plus fameuse de ces marchandes de caresses était une quarteronne aux tétins bien fermes, avec une peau plus douce que satin. On l'appelait Lisette Sucre. Elle avait été, pour lors toute jeunette, maîtresse du Gascon

Montbars, que l'on nommait aussi l'Exterminateur, pour ce qu'il était homme bien cruel et sanguinaire et ne faisait jamais quartier comme on le doit entre chrétiens. Il avait ceci de particulier qu'il portait sourcils plus gros que ses moustaches, ce qui lui faisait l'air tant terrible que son aspect seul lui assurait la victoire avant que le combat fût entamé. Nul n'osa jamais lui résister, hormis moi. J'eus un différend avec lui sur le propos d'une certaine garce dont il convoitait les bontés et qui, pour lors, était mienne. Tout hardi qu'il fût, il sut se tenir tranquille et demeurer sage, ce en quoi il fit bien. Il me connaissait comme la meilleure lame qui fût aux Amériques. Il ne pouvait combattre qu'au sabre et était fort bien averti que cette arme n'a point l'avantage contre une bonne épée fermement tenue par une main qui s'en sait servir aussi bien que fait la mienne.

Pour en revenir au fait, je dirai qu'il avait ramassé je ne sais où, la fille dont je veux ici conter l'histoire. Une fois s'en étant bien amusé, ayant été plutôt un tyran qu'un amant, il la planta là. Pour lors, ne pouvant faire mieux, elle vécut de sa peau, comme tant d'autres. Etant la plus belle, c'est elle qui eut bientôt le plus de chalands. J'achetai moi-même ses faveurs, peu de temps auparavant qu'elle ne gagne la grosse vérole que lui passa Courtepierre, lequel avait ramené la maladie, en même temps que beaucoup d'or, de l'expédition sur Port-Riche. Mais Lisette ne ralentit point pour cela ses travaux qui lui rapportaient gros. Elle n'avait pas sa pareille pour vous faire lâcher écus, piastres, ducats et doublons, et, quand le pouvait, se faisait payer avec bijoux d'or, bracelets, pendants, colliers, bagues, agrafes, pierres, émeraudes, béryls, perles, toutes choses qu'elle prisait par-dessus tout. Cela seul était ses amours et tenait à son cœur et lors qu'elle ne ramassait que de la monnaie, elle en achetait avec, encore d'autres, qui venaient en surplus de ceux qu'on lui donnait et à profusion, tant et si bien qu'on disait d'elle en tous lieux qu'elle était devenue la femme la plus riche au monde en joyaux, plus même que la Madone du Pilier, en la sainte église Majeure de Saragosse en Aragon, laquelle Madone est tant somptueuse que Monseigneur l'Archevêque lui fait changer de parures tous les jours de l'année, en sorte qu'elle n'a jamais sur elle, en vingt quatre heures de soleil, mêmes bijoux que la veille.

Pour en revenir, encore une fois, à notre garce, je dirai qu'elle n'avait auprès d'elle, par prudence et meﬁance, aucun esclave, et qu'elle s'était procuré, par crainte des voleurs, un grand coffre de fer dont elle tenait toujours la clef sur elle, et l'avait fait sceller, par fortes chaînes et barres, au mur de sa maison. Et l'on assurait que, tant par l'effet du grand courage des aventuriers qui se les étaient procurés gratis aux dépens de l'Espagnol, que par celui de leur tout aussi grande paillardise, laquelle ne permettait à aucun de résister à ses charmes et à ses talents, cette belle ponisse avait amassé, peu à peu, dans le dit coffre, la plus grande part des trésors du nouveau monde.

Cela finit par tenter deux vilains bougres, dont on appelait l'un Pied de Lièvre, pour ce qu'il était le premier, lors qu'il fallait faire retraite, à savoir user de ses jambes, et l'autre Cœur d'Andouille, pour ce qu'il ne s'était point montré téméraire en la seule course qu'il fit avec nous. Ces lurons s'avisèrent qu'il n'était point besoin de s'en aller faire trouer la peau pour trouver la fortune et que cette dernière était dans l'île même, à portée de leurs mains, chez la demoiselle Sucre. Et voici comment ils s'y prirent pour se rendre propriétaires de son trésor.

Le dernier nommé se fit croire amoureux chaland et la nuit qu'il fut chez la garce, l'autre vaurien se mit un grand drap sur la tête et sur tout le corps en guise de suaire, avec un grand sabre au poing. Et à l'heure où les amants étaient nus et faisaient la bête à deux dos, il arriva par la fenêtre qui était ouverte comme sont toutes les fenêtres en ce pays où les nuits sont chaudes. Ecartant les rideaux, il sauta dans la chambre, accompagné des rayons de la lune qui, pour lors, était pleine. On peut penser la frayeur qu'en eut la donzelle ! Montbars étant mort, on ne sait trop comment, ni quand, ni où, mais passant partout pour tel, le faux revenant faisait moulinets terribles de son sabre et criait :

— Je suis Montbars l'Exterminateur, salope ! et je te viens étriper sur-le-champ, pour te punir de me faire si vilainement et si largement cocu !

Ce que voyant et entendant, la belle, échappant à l'étreinte de son galant, lequel, comme on le peut penser, se garda bien de la retenir, ne fit qu'un bond hors du lit pour s'échapper de la maison par la porte et courir, plus lestement que gazelle, jusque chez le Père Michel Paul, sans se soucier du costume qui était pour lors le sien et s'en fut, faisant force signes de la Croix sur ses tétins à l'air, frapper comme folle à la porte du Révérend.

Le Révérend Père Michel Paul, qui avait succédé au Père Canteloube, était un saint homme bien compatissant, et porté à faire très largement l'aumône avec l'argent des autres. Il s'était mis en tête de retirer de la boue les femmes qui faisaient la mauvaise vie dans l'île. Partant de l'idée que beaucoup ne menaient cette détestable existence que pour ce qu'elles n'avaient point d'autres façons de subsister, il les voulait retirer à la fois et du besoin et du vice, en les mettant au-dessus de la nécessité, et, pour ce faire, leur distribuait la plus grosse part des aumônes qu'il recevait pour ses pauvres, ne voyant pas qu'il portait là de la farine à un moulin. Les filles, habiles à jouer auprès de lui la comédie d'une feinte misère, ne refusaient point de voir ainsi la Providence venir augmenter de ses largesses le pécule qu'elles amassaient par ailleurs. Elles faisaient le semblant du repentir et retournaient ensuite à leur turpitude. Quant à celles qui, comme Lisette, ne pouvaient passer pour bellistresses et miséreuses, le Père ne renonçait point pour cela à les ramener au bien, et leur faisait beaucoup de prêchi-prêcha, dans l'espérance que, s'il venait à les conduire à une vie plus chrétienne, il aurait la plus grosse part de leur argent pour ses aumônes. La Lisette, étant la plus riche et point tout à fait mécréante, se trouvait être celle qui lui donnait le plus d'espoir sur ce point. Au surplus, on peut penser qu'elle était travaillée parfois par le remords, si bien que le Père Michel Paul caressait le rêve de faire d'elle, un jour prochain, la Marie-Madeleine de l'Amérique.

Pour lors la pauvre Lisette, toute nue dans la nuit, n'avait peut-être jamais été plus proche d'un complet repentir.

Entendant les coups qu'elle frappait à sa porte, le Père, pensant qu'on le venait quérir pour exhorter quelque mourant et lui porter les Sacrements, ordonna à son nègre d'aller ouvrir. Celui-ci, lors qu'il se vit nez à nez, sur le seuil, avec une femme seulement vêtue des rayons de la lune et d'un gros collier d'or qui lui pendait au col, et qui lui parlait de Montbars l'Exterminateur dont le nom seul n'avait point fini de porter partout la terreur, crut voir l'apparition d'une diablesse et prit grand peur à son tour. Il rentra prestement en la maison sans prendre le temps de refermer la porte par derrière lui, se signant et appelant son maître à grands cris, et Lisette entra à sa suite.

Quand le Père, étonné de ce tumulte, et étant lui-même habillé seulement de sa chemise et de ses savates accourut dans la salle, on peut croire qu'il ne fut pas peu surpris de la visite. L'ayant reconnue, et pour ce qu'il savait la fille malade et que cette maladie peut maintes fois monter jusqu'à la cervelle et troubler la raison de ceux-là qui en sont atteints, il la prit pour démente et la voulut calmer par douces et saintes paroles, comme il me le conta lui-même le lendemain. Mais elle ne s'arrêtait point pour cela, débitant toute affolée son histoire de revenant, et ils faisaient leurs discours à la fois, sans s'écouter l'un l'autre. Le Père fit réflexion qu'il n'était point désirable que cet entretien se prolongeât, pour ce qu'il n'était guère décent que cette personne se trouvât chez lui à cette heure et en ce costume et lui-même étant en chemise. Mais elle, ne s'en voulant point aller, poursuivait ses calembredaines et ses signes de croix indécents, si bien que le saint homme, à la longue, perdit sa patience, et, pour en finir, la lança dehors, avec un grand coup de pied dans le cul, ce qu'il regretta toujours par la suite.

Juste ce temps, et tout comme si c'était la savate du Père qui l'eût provoqué en frappant, on ouït l'éclatement tout proche d'un gros pétard, et la fille s'en retourna en courant d'autant plus vite qu'elle voyait devant elle une forte lueur, et bientôt elle vit que l'incendie était à sa maison vers où les gens couraient de tous côtés. Devant les flammes qui déjà dévoraient les essentes du toit et éclairaient la nuit dont elles augmentaient encore la chaleur naturelle au climat, Lisette, après avoir crié à tous que le coup de pied du Père Michel Paul qu'elle venait de recevoir dans la fesse était ce qui l'avait chassée du Ciel pour la jeter dans l'Enfer qu'elle voyait la venir chercher jusque chez elle, se voulut précipiter dans le brasier. Mais on l'en empêcha.

Ce qui était arrivé est que les voleurs, bien soucieux d'emporter le coffre au plus tôt, l'avaient détaché du mur avec forte charge de poudre, puis chargé sur un baudet, dont fut retrouvé la trace des pas au matin dans le jardin. Et ils s'étaient enfuis prestement, n'ayant cure que leur poudre, en pétant, avait bouté le feu à la baraque. Tous les voisins accouraient avec des seilleaux d'eau pour empêcher qu'il se communiquât aux maisons d'alentour. Pour ce qui est de Lisette, elle disparut dans la nuit sans qu'on s'occupât trop d'elle, les gens ayant assez à s'affairer pour protéger leurs demeures.

On la trouva au matin pendue avec une liane à la basse branche d'un coccobole. La pauvrette n'avait point voulu survivre à son malheur et à sa ruine. Et l'on peut bien dire que, pour ruinée, elle l'était jusqu'à la chemise, tous ses vêtements et linge étant consumés avec sa maison.

Elle était toujours en le même costume que j'ai dit plus haut, celui en lequel elle était née. Elle n'avait même plus le collier d'or que le Père Michel Paul m'assura lui avoir vu dans la nuit. Quelque vaurien, passant par là auparavant, en ayant dû s'emparer au lieu que de la secourir s'il en était encore temps, ce dont je doute. Sa langue était hors de sa bouche, qu'on ne put déjà plus lui fermer, et ses yeux étaient tout grand ouverts et encore emplis de la terreur qu'elle avait eue, en croyant voir revenir son terrible et premier amant, en si redoutable appareil.

Pour ce qui est des voleurs, il m'a été dit qu'ils avaient sauté en quelque canot et passé à la grande terre, gagnant le Port de Paix. Trop pressés de prendre du champ, ils s'y embarquèrent sur le plus méchant bateau de la Compagnie, fort vieil et pourri, et dont on avait arrêté que ce serait le dernier voyage. Et ce le fut bien en effet, car, une bonne fois parti, on n'ouït plus jamais parler de lui. Après quelques mois il fut porté péri corps et biens sur les registres de ces Messieurs, en sorte que l'on peut tenir pour certain que les trésors amassés à si vilain métier et à la sueur de son cul par Lisette Sucre, sont perdus à jamais, pour toujours enfouis au fond des abîmes.

Ce qui vient par la flûte s'en va par le tambour.

XV

Histoire du duel et des amours du Capitaine Fulbert

C'est à la prise de la Vera-Cruz que Fulbert rencontra celle qui le devait rendre heureux durant de longues années. Nous étions, à la nuit, une grosse troupe de gentilshommes de fortune à ripailler et boire en l'honneur de la victoire, dans la plus belle taverne de la ville, lors que quelques-uns d'entre nous, qui avaient la cervelle un peu brouillée par les vins et l'eau-de-vie, s'avisèrent qu'il manquait des femmes pour que la fête fût complète. Ils résolurent d'en aller quérir en l'église majeure, qui était voisine et où étaient tenus enfermés plusieurs centaines de prisonniers et prisonnières, avec forte charge de poudre à toutes les portes, pour faire tout sauter en l'air s'il venait à y avoir révolte. Je ne sais comment ils s'arrangèrent avec les sentinelles, mais ils revinrent peu après, avec un petit troupeau bien effarouché de femmes et de filles, qu'ils poussèrent dans la salle en s'amusant à leur piquer le derrière avec leurs sabres. Le tout ne montait pas plus haut que la douzaine. Dès l'abord, j'en distinguai une de bel et noble visage, dont le maintien orgueilleux disait assez qu'elle était personne de qualité. On commençait à leur pincer les fesses et manier les tétins malgré les cris qu'elles faisaient, lors que Fulbert, qui avait, comme moi, remarqué la demoiselle, se leva et, s'en étant approché, il dit :

— Pour celle-là, je défends qu'on y touche et la mets sous ma protection !

Cela était hardi et souleva bien gros murmure. Il n'en fallait pas tant pour que s'enflât aussitôt vilaine dispute, et Fulbert fut pris à parti par de nombreux gaillards, dont beaucoup étaient ivres, qui le voulurent envoyer s'occuper d'autre chose, disant que les filles étaient à tout un chacun, que c'était la loi de la guerre et de la Flibuste, qu'il n'avait point à y regarder, qu'il ferait beau voir qu'on ne partageât point les faveurs des dames tout comme le restant du butin, qu'il se mêlait à vouloir faire le Don Quichotte hors de propos et bien autres choses. Fulbert avait du cœur et il dégaîna. Il y eut grandes clameurs et je craignis bien fort sur l'instant que s'allumât bien chaude et laide bagarre et je vis sortir quelques couteaux. Les gens de Fulbert prirent parti pour leur Capitaine et cela menaçait de se vite envenimer, lors que Fulbert, qui était robuste, arracha la fille aux mains qui, déjà, la pressaient et la jeta dans mes bras en me disant :

— Mon frère Borgnefesse ! je te sais homme d'honneur. Je te confie la demoiselle durant que je me vais battre et faire crever pour elle, et je jure par le Christ qu'elle ne sera à aucun de ces bougres, avant qu'ils m'aient étripé s'ils le peuvent.

Je mis la fille derrière moi, entre une table et le mur, et je dégaînai à mon tour, tandis que Fulbert, qui était plus agile qu'écureuil, sauta sur la table et fit ce discours :

— Maudits paillards et vilains putassiers ! Je vous veux défier tous l'un après l'autre, et tant que vous êtes, en singuliers combats et avec l'arme qu'il vous plaira de prendre, pourvu qu'elle soit blanche, moi ayant au poing ma bonne épée !

Il y eut grosse rumeur pour savoir si le défi serait relevé ou non. Il faut dire que les Flibustiers ne mettent rien au-dessus du courage et de la valeur, ce qui les conduit à être bien amis des duels qui ne sont que trop fréquents parmi eux. Ils y prennent grand plaisir, même à leur spectacle, et on les voit parfois faire des paris sur l'un ou l'autre champion. Beaucoup donc crièrent : franc-jeu ! Comme ils étaient le plus grand nombre, les autres n'osèrent que grogner. On poussa les tables et les bancs pour faire la lice, et, lors que le milieu de la salle fut bien libre, on se mit en cercle en se poussant pour mieux voir, sans plus trop s'occuper des femmes dont quelques-unes se purent échapper dans la nuit.

Se présenta premier pour combattre, un grand bougre qui avait plus de six pieds de hauteur et dont la force était celle d'un Hercule. Il avait mis son torse à nu et était plus velu qu'un gros singe et aussi corpulent qu'un taureau. On le connaissait pour être rude combattant au sabre, s'en servant aussi bien d'estoc que de taille, et le sien était arme très lourde, dont seul il avait force nécessaire pour le manier. Mais Fulbert était, après moi, la meilleure lame des Amériques. On allait voir pour de bon, tout à son aise et une fois pour toutes, ce que peut faire sabre contre épée, les uns tenant pour la première et les autres pour la seconde de ces armes. Et c'était occasion rare de savoir enfin laquelle a le plus d'efficace, car le meilleur sabreur de la Flibuste s'allait mesurer contre belle brette de bataille et qui était en bonne main.

Durant que se préparait ce premier combat, je regardai la señorita qui en était l'enjeu. Je dus reconnaître qu'elle était fort belle de visage, encore qu'il n'approchât point en beauté de celui que j'avais vu à la petite pucelle de Maracaye dont j'ai écrit à son heure, et dont le souvenir m'est toujours demeuré bien fortement gravé en la mémoire.

Je lui dis en son langage, que, tant qu'elle serait derrière moi, elle ne courrerait risque d'aucune sorte, ce dont elle voulut bien me dire le merci. Après quoi elle me demanda qui était cet homme, en désignant Fulbert de son menton. Je lui dis qu'il était très brave et très valeureux Capitaine, et la meilleure lame qui se pût trouver après la mienne, et l'assurai qu'elle avait en lui, pour chevalier, le meilleur qui se pût trouver, ce à quoi elle ne répondit rien et regarda Fulbert qui avait sauté en bas de la table et se tenait en garde, la pointe bien droite en avant, tandis que l'autre lui tournait alentour, son grand sabre levé, y regardant avant que d'avancer. Ce fut Fulbert qui attaqua, plus vif qu'un chat. Sa pointe piqua dans le vide et le grand sabre s'abattit, mais Fulbert avait déjà fait saut de côté et, avant que l'autre eut relevé son arme, la lame de l'épée lui entra entre deux côtes. Il ne tomba point pour si peu et frappa de nouveau lors que Fulbert était déjà trop loin. Le sabreur lui tourna encore alentour, tenu en respect par la pointe, mais on vit bientôt qu'il soufflait pis qu'un bœuf fatigué, et, tout soudain, il chancela et chut avec grognement de bête et crachant une vilaine mousse de sang avec des hoquets qui le secouaient bien fort.

Je regardai la demoiselle mais ne pus lire ni joie ni peine en ses yeux.

Après qu'on eut emporté le vaincu, qui ne trépassa que quelques heures plus tard, vint un autre armé encore d'un sabre. Celui-là était bien agile et sa latte n'était pas un instant immobile, elle ne se pouvait voir plus que l'aile d'un oiseau qui vole, et fendait l'air en sifflant, et ne se devinait que par les éclairs qu'elle jetait. Elle battait quelquefois si fortement l'épée de Fulbert, que j'eus grande crainte qu'il ne vînt à être désarmé, mais il a la main forte, et ce n'était que ferrailler en vain, pour ce que le sabreur ne se pouvait approcher assez pour frapper. Ce que voyant, il prétendit se battre d'estoc, mais là, il n'était point de taille à tenir tête à Fulbert qui le fit rompre sans cesse, et ils firent deux fois le tour de la salle, lui reculant, Fulbert marchant, jusqu'à ce que ce dernier, après une facile parade en septime, fit une belle feinte et perça la cuisse de l'autre qui, ce pourtant ne s'arrêta point, et j'eus forte peur que d'un grand coup de taille qui suivit il ne fendit en deux la tête de Fulbert qui eut, de grande justesse, le temps de sauter à droite et planta sa lame dans l'épaule de l'homme, lequel lâcha le sabre et demeura debout tout stupide, bras ballant, et estropié pour toujours.

Tout cela se faisait au milieu de grands cris pour exciter les combattants, et rires pour les insulter. Il y eut gros murmure lors qu'on vit venir le troisième. Il s'était mis quasi nu, pour n'être point gêné en ses gestes, et portait en chacune main, lourde hache d'arme. C'était homme tout épais et trapu, avec bras très longs aussi gros que ses cuisses. Mais, moi, je n'étais pas bien inquiet et ce ne fut pas long, en effet. Fulbert le laissa venir sur lui, et, soudainement, plus vif que l'éclair, lui mit un pied de fer dans la tripe et rompit. Mais l'autre continua d'avancer et Fulbert lui en remit encore un peu plus haut, alors, il fonça, poussant Fulbert hors du cercle, amenant grande bousculade, et enfin abattit ses coignées avec telle force qu'il eût mis à bas un chêne. Mais elles ne frappèrent qu'une table dont la planche en fut rompue en trois parties. Fulbert avait sauté à gauche et le larda plusieurs fois sous les côtes, tandis qu'il s'accrochait à la table, avant que de choir, ayant son compte, sans dire mot ni faire cri, et demeura sur le carreau, les bras en croix et les yeux grand ouverts.

Le quatrième ne m'inquiéta pas davantage. Il était ivre et vint avec une pique et chargea comme un fol. Fulbert, fit ce que je dis qu'il faut toujours faire contre une pique. Il para de seconde, se remit en ligne et le lancier vint s'embrocher tout seul et bien gentiment, et chût en vomissant autant de vin que de sang. Le cinquième me fit moins plaisir. Il avait sabre au poing droit, et gros couteau de boucanier en la main gauche. Il était un nommé Pied de Bouc, pour ce qu'il avait une malformation du pied, où les orteils étaient en marteau et liés deux et trois, mais cela ne l'empêchait point d'être mieux agile que ouistiti, et rusé combattant. Il donna bien du mal à Fulbert, ayant projet de le fatiguer, et se tenant toujours loin et dansant comme un baladin, si bien qu'il fut, à la longue, salué de quolibets et bafoué par accusations de couardise, ce qui fouetta son point d'honneur et le conduisit à risquer. Et il prétendit se battre d'estoc et Fulbert ne tarda pas, par une belle attaque au visage, à lui enlever un œil, mais il put encore frapper du couteau et Fulbert en eut l'épaule gauche entamée. On put croire que le combat allait reprendre mais le sabreur n'y voyait plus guère, ayant le visage tout couvert du sang que pissait son œil vidé. Il s'arrêta, et Fulbert le tint quitte et le laissa aller. Et il partit, ayant lâché ses armes, et les deux mains sur son visage, ne se pouvant empêcher de geindre par la douleur, et sortit dehors avec quelques amis.

Ne prenant garde à sa blessure, Fulbert attendit le sixième qui n'entra pas en lice sans hésiter. C'était un gringalet, nouveau venu parmi nous, qui se présenta avec longue rapière espagnole. Je pensai d'abord que c'était démence à lui, que d'oser affronter Fulbert à l'épée, mais je fus vite détrompé, lors que je vis qu'il se battait à l'italienne, avec nombreux coups bas, et des bottes bien dangereuses que Fulbert ne parait que de juste. Je n'étais point content pour ce que je voyais que ce dernier était en sueur et perdait beaucoup de sang qui lui coulait dans la manche de sa chemise tout le long du bras depuis l'épaule.

Ce fût ce moment que la demoiselle chût en pâmoison. Je la ranimai avec quelques coups dans le visage et un grand bol d'eau-de-vie que je lui versai entre les lèvres. Elle revint, sur le moment où force cris et clameurs annoncèrent la fin du combat, et ce n'est que pour lors que je vis Fulbert encore debout, et l'autre que l'on emportait.

On eût pu croire tout à l'heure que vingt champions brûlaient de se mesurer avec Fulbert, mais ceux qui restaient se faisaient présentement moins chauds, et, quoique encouragés par leurs amis, ils balançaient pour savoir si, oui ou non, ils le devaient faire. Il y en eut qui sortirent pour aller quérir du sable au jardin, à fin de le jeter sur le sang qui était répandu sur les dalles, et cela, pour que les combattants ne courussent point le risque d'y glisser. C'est pour lors que Fulbert vint vers nous. J'avais assis la demoiselle sur un banc. Elle était plus blanche qu'une morte, et leurs regards se croisèrent. Ils ne se dirent point un seul mot, mais je vis passer, en leurs yeux, un quelque chose qui lie deux cœurs pour la vie. Fulbert vida un grand pot de guilvide et dût reprendre son épée, un septième champion se présentant.

C'était le Portugais que j'avais eu jadis avec moi sur le *Salagrun*, et je regrettai qu'il se trouvât là. Il n'avait pour armes que quantité de couteaux passés en sa ceinture, et deux autres encore, un en chaque main. Devinant ce qu'il en voulait faire je jetai à Fulbert mon manteau, qu'il n'eut que le temps de rouler sur son bras gauche, pour se garder du premier couteau, qui, lancé de loin, y vint briser sa course. Il y eut grandes clameurs, certains disant que c'était traîtrise, d'autres répondant que couteau était arme blanche tout autant que sabre, hache ou épée, et, durant ce temps le Portugais jetait ses couteaux comme sauvage ses flèches. Fulbert ne put éviter d'en recevoir un dans le gras de la jambe, et un autre se vint planter dans la table à un pied de la señorita qui n'en broncha point. Les autres vinrent dans le manteau, hormis le dernier qui s'alla loger tout droit dans le cœur d'un brave Frère de la Côte, qui était parmi les assistants, s'appelait Godillard, et en tomba mort sur le coup, ce qui amena grande consternation pour ce qu'il était estimé de tous et hors du jeu. Le Portugais, étant pour lors désarmé, ayant lancé tous ses couteaux, il s'enfuit, et Fulbert le chargea, lui donnant par dérision du fer dans la fesse ce qui provoqua bien des rires et d'aucuns lui voulurent faire un mauvais parti, pour ce qu'il avait tué Godillard. Fulbert qui, présentement, boitait fort, parcourait le milieu de la salle, tant de long que de large, l'épée au poing, tout en sueur et en sang et avec air si farouche que plus d'un en était frémissant. On pouvait penser que le combat était fini, mais il se présenta, ce pourtant, un huitième, avec un sabre très courbé, à la turque. Il comptait sur la fatigue de Fulbert pour en triompher. Il dut vite déchanter, car, pressé d'en finir, Fulbert attaqua si furieusement qu'il ne tarda pas à le percer d'outre en outre, mais non sans recevoir un coup de taille sur la même épaule qu'il avait déjà blessée. Ce dernier combat se fît dans le tumulte et sans qu'on y prêtât grande attention. Les uns étaient occupés à secourir les estropiés dont trois étaient fort mal en point, les autres, tout furieux de voir Godillard trépassé, voulaient pendre sur-le-champ mon Portugais, tandis que d'autres s'employaient à les en empêcher, et d'autres encore retournaient à lutiner les filles qui n'avaient pu s'échapper.

Fulbert était toujours debout, vainqueur, attendant d'autres adversaires, s'il en venait.

C'est pour lors que je jugeai qu'il n'était point en état de soutenir un neuvième combat, et, passant par-dessus la table, je vins auprès de lui, l'épée nue, et je dis :

— En voilà suffisamment ! Mon bon Frère de la Côte et ami Fulbert a assez montré sa valeur pour qu'on lui laisse la fille. Et s'il en est encore d'autres pour soutenir le contraire, c'est à moi qu'il leur va falloir avoir affaire, car je prends sa suite.

Ce que voyant et entendant, ceux-là qui pouvaient encore avoir velléité de combattre, se tinrent tranquilles, et ils firent bien, car j'étais tant échauffé que j'en eusse décousu à la file plusieurs douzaines s'il l'eut fallu.

La paix revenant, je m'occupai de Fulbert qui ne pouvait déjà plus marcher. Aidé de quelques-uns de ses hommes et de son second Capitaine et matelot Foutrebleu, qu'on appelait ainsi pour ce que c'était là son juron familier, nous l'assîmes sur une table et lavâmes ses plaies à grande eau, ce à quoi la demoiselle nous aida avec toute la douceur que savent mettre les femmes en ce genre de choses. On était allé quérir le chirurgien du *Cheval-Marin* qui était le bateau de Fulbert. Etant accouru, il le pansa, et nous dit qu'il le fallait porter à son bord et étendre bien à plat sur sa camagne, pour arrêter le sang de couler, la plaie de la jambe étant la plus mauvaise. Je dis à la demoiselle que je la ferais reconduire à la grande église où elle retrouverait les siens qui y étaient, pour le probable, retenus prisonniers, mais elle me répondit qu'elle ne quitterait point le Capitaine Fulbert qu'il ne fût guéri, et cela, sur un ton qui ne souffrait point de réplique. Nous posâmes le blessé sur une chaise que quatre de ses hommes portèrent, et nous descendîmes vers le port, à travers les rues désertes, éclairés par trois, qui, par devant, portaient des torches, tandis que je suivais derrière avec mon matelot Le Bègue, le chirurgien, Foutrebleu et la fille qui nous fut d'un grand secours en ces ruelles, pour nous empêcher de nous égarer.

Elle monta avec nous dans l'embarcation, et nous gagnâmes le *Cheval-Marin.* Une fois à bord, elle nous aida à coucher le malade en sa gabane. Il commençait d'avoir la fièvre. La nuit était fort avancée lors que je le quittai pour regagner mon bord, le laissant avec le chirurgien et la belle señorita à son chevet.

Lors que je revins le lendemain aux nouvelles, je la trouvai à la même place. Elle me pria de bien vouloir faire tenir une lettre à son père, qui devait être toujours en la grande église, et je ne crus point lui devoir refuser. Je n'en pris pas connaissance, mais je vis qu'elle était adressée à Don Servando de Castelfabril y Arganda de Bruzon. Le prêtre auquel je la remis, pour qu'il voulut bien la porter à l'hidalgo qu'il connaissait, me pria d'attendre une réponse, ce que j'allai faire au cabaret où s'était tenu, dans la nuit, ce duel tant fameux qu'on en parlait encore dans les îles lors que je quittai le pays. L'endroit était pour lors redevenu tranquille, le sang lavé, et tout remis en sa place. C'est là que le Padre me vint remettre la réponse. Après qu'il fut parti, je fis réflexion qu'à la guerre, il est de coutume d'ouvrir le courrier que se font passer les ennemis, ce qu'après tout, ces gens-là étaient. Je fis donc sauter le cachet et je donne ici traduction de ce que je lus et dont j'ai gardé copie :

Ma fille,

Vous me faites savoir que cette nuit, il s'est trouvé, parmi ces voleurs, un qui eut assez de cœur pour vous disputer aux autres l'épée à la main, et vous voulez voir là un exploit de Chevalerie, tant vous avez la cervelle romanesque, mais c'est grande folie d'aller prêter à un forban des sentiments nobles et élevés. Il faut, pour qu'il ait ainsi agi, qu'il ait à votre égard des desseins déshonnêtes, et l'idée de faire de vous son jouet. Ce pourquoi je vous requiers et ordonne de quitter sur-le-champ son bateau, si on vous en laisse libre.

Votre place n'est point sur un navire de brigands, mais entre votre père et votre mère qui vous attendent. Je sais que vous ne serez point rebelle à cet ordre, et, si je ne vous vois point revenir, je penserai qu'on vous en a empêché. Auquel cas je compte que vous préférerez la mort à la honte, et que vous ne balancerez point à vous jeter à la mer, plutôt que céder à ce Capitaine de forbans et devenir son esclave ou sa maîtresse, et cela, pour ce que je préfère vous pleurer morte que vous savoir perdue d'honneur.

Je vous embrasse et vous requiers d'être forte.

Votre père,
DON SERVANDO.

Ayant porté sur-le-champ cette lettre à la belle et m'étant excusé de l'avoir ouverte, comme il doit être fait à la guerre, elle me dit que cela n'était point d'importance, et écrivit aussitôt un autre billet, qu'elle me confia, sans l'avoir fermé. Il était ainsi fait :

Mon très chéri père,

L'homme qui m'a sauvée est le Capitaine Fulbert, qui fut hier plus brave que notre Campéador et bien magnifique chevalier. Si Votre Grâce l'eut vu elle l'eut embrassé et ma mère lui eut baisé les mains. Il est, pour l'heure, gisant, et tout accablé des blessures qu'il a reçues pour moi, et je vois bien que ma présence est le meilleur remède qui le puisse guérir. Ce pourquoi je supplie Votre Grâce à deux genoux et me pardonner si j'obéis plutôt à mon cœur de chrétienne qu'à elle. Que Votre Grâce n'ait cure de mon honneur, il n'est point, présentement, en péril.

J'embrasse Votre Grâce, très chéri père, ainsi que ma mère, et je suis, de tous deux, la fille bien aimante.

ISABELLE.

Le jour suivant je trouvai le chirurgien qui m'attendait en haut de l'échelle. Il me dit que Fulbert n'allait point mieux, que la plaie au mollet prenait vilaine figure, et il m'avisa que si le malade demeurait en cet air pestilentieux de la Vera-Cruz, où la chaleur était digne de l'Enfer, il était à craindre qu'on ne pût éviter d'en venir à lui trancher la jambe ; que le mieux serait donc pour ne point arriver à cette extrémité, de mettre à la voile sans tarder pour gagner l'île Saint-Domingue, où, l'air étant meilleur, on pouvait espérer que la plaie parviendrait à se fermer.

Ayant tenu conseil avec le chirurgien et Foutrebleu, nous tombâmes d'accord pour que le *Cheval-Marin* levât l'encre avant la nuit tombée.

Je fis prier Mademoiselle Isabelle de me venir parler sur le tillac, où je lui dis ce qui en était, sans rien farder de la vérité, la priant de se bien vouloir fier à moi, de faire ses adieux au Capitaine Fulbert et que je la conduirais à l'église Majeure, où elle retrouverait les siens.

Elle ne me répondit rien, et descendit pour écrire ce billet qu'elle me pria de lire et de faire tenir à son père. Il était ainsi tourné :

Mon très aimé père,

Je me jette aux pieds de Votre Grâce pour lui faire supplique et l'implorer de me donner son pardon si je lui cause de la douleur en obéissant aux ordres du Ciel.

J'ai eu entretien, durant ma prière, avec ma Très Haute et Très Noble Patronne, Madame Sainte Isabelle, sœur du Très Grand Roi Saint Louis, Neuvième de France, qui mourût Croisé. Madame Sainte Isabelle de France a bien voulu descendre du Paradis, à seule fin de m'enjoindre et me conjurer de ne point abandonner un Capitaine français qui est en péril pour m'avoir secourue.

Le bateau où je suis va quitter le port de la Vraie Croix avant le soleil couché. Je demeure à son bord.

J'embrasse Votre Grâce, et lui demande de prier Dieu pour moi, comme je Le prie pour elle et ma très chérie mère.

ISABELLE.

J'allai jusqu'à la gabane prendre congé de Fulbert que je trouvai moins bien que la veille, et, après avoir fait mes adieux au chirurgien, et salué bien bas Mademoiselle Isabelle, je regagnai mon bord.

Lors que le *Cheval-Marin*, ayant levé ses ancres, fit servir, après avoir établi ses voiles, le soleil était déjà parti derrière la ville et les premières étoiles brillaient dans le ciel. Sur la poupe étaient le chirurgien et Foutrebleu qui me saluèrent du chapeau, mais je ne vis pas la señorita, qui était, pour le certain, toujours au chevet de son chevalier blessé.

Je crus bien faire d'envoyer trois coups de canon à poudre, pour que Fulbert, étendu tout dolent sur sa camagne, et la noble demoiselle qui était auprès de lui, entendissent mon salut. Et le *Cheval-Marin* y répondit coup sur coup.

La fumée de ces saluts se traînait encore sur la mer, lors que le navire qui emportait mes amis, disparut derrière l'île Saint-Jean de Lumière.

Je demeurai un fort long temps sans avoir nouvelles de Fulbert et de la demoiselle. Ce n'est que bien des mois plus tard que j'appris du vieil Cameyrelongue qu'ils avaient gagné Léogane sans malencontre. Il me dit qu'on n'avait pu sauver la jambe à Fulbert et qu'il la lui avait fallu trancher au-dessus du genou. Il ajouta qu'il avait un long temps balancé entre vie et mort, mais qu'il en était tiré.

Foutrebleu, qui était homme de cœur, par grande amitié pour son matelot et Capitaine, autant que par respect pour Madame Isabelle, avait bien voulu renoncer au droit que lui donnait sur elle la loi de la flibuste, et cela en échange du *Cheval-Marin* que lui avait laissé Fulbert, et sur lequel il était reparti en course, en étant devenu Maître et Capitaine.

Fulbert, avec les richesses qu'il avait ramenées de la Vera-Cruz, avait acquis, à trois lieues de Léogane, une belle habitation, où il vivait avec la señorita, qui venait de lui donner un fils. Ils avaient plus de trente esclaves, qu'ils employaient à défricher la terre aux alentours, et ils étaient dans l'opulence. Leur chagrin était de ne se pouvoir marier, pour ce que Fulbert l'était déjà, ayant eu, comme moi, la démence d'épouser une des garces amenées sur le bateau de Monsieur d'Ogeron, comme je l'ai conté à son heure. Peu avant que de partir pour cette expédition sur la Vera-Cruz, il était revenu un jour à la maison, qu'il avait trouvée vide, sa femme, comme tant d'autres, étant partie durant son absence, sans laisser trace aucune.

Comme nul ne savait présentement si elle était morte ou vive, Fulbert ne pouvait convoler sans courir risque d'être bigame, et les prêtres lui demandaient d'attendre dix ans, après quoi on la présumerait trépassée et il pourrait épouser.

Madame Isabelle, qui avait beaucoup de religion, ne manquait point d'être bien mortifiée de devoir demeurer concubine.

C'était là petite ombre à leur bonheur.

La Paix ayant été faite à Nimègue entre les Couronnes de France et d'Espagne, Doña Isabelle avait pu reprendre relations avec sa famille, et son père lui avait écrit qu'il était disposé au pardon, pour peu que leur union fut bénie par l'Eglise, et tous deux comptaient sur le crédit qu'avait Don Servando de Castelfabril à la Cour d'Espagne pour obtenir que Sa Sainteté le Pape Innocent XI, fit abréger ce délai, et ils vivaient dans l'espoir d'y réussir.

Lors que je fus à la grande terre, avant que de revenir en France, je pris un cheval à Léogane, et je fus visiter Fulbert et Madame en leur habitation. Je laisse à penser l'accueil que j'y reçus. La dame, qui était toujours fort belle, venait de donner à Fulbert une fille, et je pensai que, si le garçon qu'ils avaient déjà, héritait de la valeur du père, et la fille de la beauté de sa mère, le Ciel aurait déjà bien visiblement béni leur union. Je ne pris congé d'eux qu'avec beaucoup d'attendrissements, et je ne les ai point revus.

Un gentilhomme, revenu des îles bien long temps après moi, et que j'ai rencontré ici il y a quelques mois, m'en a donné nouvelles. Ils s'étaient pu marier trois ans après que je les eus quittés, et avaient vécu dès lors, et cela durant des années, dans le bonheur. Mais il m'apprit que Madame Fulbert avait été emportée, il y a peu de temps, du mal de Siam, ainsi que leur fille, et que le fils avait perdu la vie pour le Roi, encore tout jeunet, au siège de Carthagène sous les ordres de Messieurs de Pointis et du Casse [1].

Mais il me dit que Fulbert existait toujours, encore que fort vieil et décrépit, ne se pouvant plus quiller sur sa jambe de bois, et finissait, comme moi, solitaire, mais lui, ayant, pour se soutenir l'esprit et le cœur, le souvenir de son amour.

1. La prise de la Vera Cruz eut lieu en 1683, celle de Carthagène en 1697. Le fils du capitaine Fulbert dut donc trouver la mort vers l'âge de douze ou treize ans. On commençait tôt le métier des armes à cette époque.

XVI

Comment je pris un Galion du Roi d'Espagne

C'est avec l'argent monnayé que je rapportai de la Vera Cruz, que je pus m'acquitter de mes dettes envers ces Messieurs de la Compagnie, et quitter la méchante barque sur laquelle je parcourais la mer sans grand profit, pour me procurer, par leur entremise, un petit vaisseau qui me faisait beaucoup mieux monté. Je le baptisai *Le Canard Doré*, en souvenir de l'hôtellerie de ce nom, à Dieppe, où, en ma jeunesse, je payais mon écot par les caresses que je donnais à l'hôtesse, laquelle était friande de cette monnaie.

On sait que les fameux Galions des Rois Catholiques, quittent, chaque année, formés en imposante armée de mer, les ports de leur métropole, pour porter aux Indes d'Amérique les marchandises de manufacture et les passagers de haute volée qui veulent gagner la Nouvelle Espagne; et, six mois plus tard, ils s'assemblent derechef, soit à Carthagène, soit à Porto-Bello, pour le voyage du retour. C'est pour lors qu'ils sont bons à prendre, étant emplis à couler des lingots d'or du Pérou, des perles de Panama, des émeraudes de la Nouvelle Grenade, sans compter beaucoup d'autres choses du plus haut prix.

Mais s'ils sont lourdement chargés, ils sont armés en conséquence, bien fournis de nombreux et gros canons de fonte verte, de douze ou dix-huit livres de balle, et montés par force compagnies de troupes régulières, armées à l'ordonnance. C'est pourtant à ce gros gibier que les Flibustiers de la Tortue, moi le premier, se mirent en tête de donner la chasse.

Ayant fait chasse-partie avec contrat bien passé, eu toutes règles, devant le Notaire du Roi et en présence de Monsieur le Gouverneur, nous prîmes le large plus de cinq cents, sur six barques longues, deux pinasses, trois brigantins et mon petit vaisseau qui était le plus fort navire de cette escadre, dont j'étais Amiral.

Nous n'étions pas assez fols pour les aller attaquer tout de go. Notre dessein était de les suivre à toute vue, avec seulement l'espoir que, par quelque mauvaise fortune de mer, l'un d'eux vint à être séparé de sa flotte et nous nous flattions pour lors, en courant dessus comme meute de chiens sur sanglier blessé, de l'espoir de le pouvoir réduire et nous en emparer. Ne le ferions-nous que de l'un d'eux, la prise serait encore meilleure que celle de dix villes de la Nouvelle Espagne, tant richement chargés ils sont, mais si bien armés et si suffisants, qu'ils ne craignent point de passer en longue ligne de file, jusqu'en vue de la pointe du Môle Saint Nicolas ou même de la côte Nord de la Tortue, où ils savent ce pourtant, qu'est notre relâche principale ; et cela pour ce que c'est la route la plus droite pour faire voile vers les terres d'Europe.

C'est là que nous établîmes notre croisière. Nous étions à les attendre depuis déjà plus de trois semaines et certains pensaient que, prévenus peut-être de notre embuscade ils avaient passé par ailleurs, soit par le canal de Mona ou celui de la Floride, si ce n'est au Sud des petites Antilles, lors que leurs vingt-trois hautes voilures nous furent signalées par Guillaume le Boiteux, qui les avait vues de grand matin alors qu'il tirait en éclaireur un grand bord vers le large, non loin de la pointe de l'Ouest. Nous étions pour lors, ancrés entre cette pointe et celle des Salines. Nous prîmes chasse aussitôt.

Une si pesante flotte ne va guère vite. Nous les aperçûmes le surlendemain sur le soir, à quatre lieues au large de la Tête de Chien. Au matin qui suivit, leur Amiral détacha un petit vaisseau pour nous courir dessus. A fin de lui donner de l'hésitation, et sur mes ordres, nous nous égaillâmes sur la mer en éventail, du Nord Nord-Ouest à l'Ouest Sud-Ouest, mais sans nous perdre de vue pour ne nous point effloter. Nos bateaux étant tous de meilleure marche que le dit vaisseau, il renonça vite et changea de bord pour rejoindre le gros de son armée. Nous étant ralliés avant le soir venu, nous portâmes à nouveau le cap à l'Est et le lendemain nous les retrouvâmes à toute vue sur notre avant. La nuit qui suivit, je vis que la voie lactée s'était mise en travers de la position qu'elle a, pour l'ordinaire, dans le ciel, ce qui, en ces pays, annonce une grande révolution dans les éléments, et on est bien prévenu par là, qu'il va venir gros mauvais temps [1].

Ce signe était pour nous réjouir. Au jour venu, alors que l'estime nous mettait entre le cap Isabelle et le Mouchoir carré, le ciel se fit noir, et, à la nuit suivante,

1. Il n'est pas besoin de dire qu'il s'agit là d'une absurdité flagrante. Mais on trouvait encore sur nos côtes, à la fin du siècle dernier, bien des vieux marins qui affirmaient avoir vu ce phénomène, précurseur des tempêtes. Il convient de dire qu'ils ajoutaient que cela était rare. L'origine de cette légende est sans doute que, dans certains orages, l'aiguille de la boussole peut s'affoler.

il se déchaîna furieuse tempête. Les Flibustiers qui ne craignent ni les vents ni les vagues pour ce qu'ils sont tous marins bien aguerris, commencèrent à s'en féliciter, dans l'espoir que les éléments vinssent à effloter ceux-là des Galions qui feraient avaries, et, par là, les leur donner en pâture. Nous mîmes à la cape. Je ne conservai que le tourmentin et la voile d'artimon et, ainsi appuyé, le *Canard-Doré* tenait bien la vague avec seulement assez de vitesse pour gouverner. Mais la force des vents dépassa vite mes espérances et ils firent tout le tour de l'horizon. On eut cru qu'Adamastor, le Géant des Tempêtes, avait déserté le cap de ce nom, pour venir établir son empire sur cette part des océans, avec grands hurlements et sifflements épouvantables, accompagnés de l'éclatement des éclairs et du fracassement du tonnerre. Les vagues se firent monstrueuses et jamais, je n'en vis d'aussi hautes. Elles venaient se briser sur nous avec si grande fureur que je ne doutai point qu'il n'y eut, pour lors, hors de vue de moi, nombre de gens en danger de périr, car bien des bateaux n'étaient point aussi bons et solides comme était le mien.

Nous demeurâmes deux nuits et deux jours à la cape, en suite de quoi, il se fit, dans le ciel, apparence d'accalmie, et le soir du troisième jour, lors que le soleil tomba, les vents avaient beaucoup faibli. Je profitai pour prendre quelque repos dont je sentais grande nécessité, n'ayant point pu dormir durant le fort de l'ouragan, pour ce qu'il m'avait fallu donner tous mes soins au combat contre les éléments.

Dans mon sommeil, je vis en songe la petite pucelle de Maracaye dont j'ai écrit à son heure. La tête lui était revenue sur les épaules et elle avait toujours mêmes traits angéliques qui ne se pouvaient effacer de ma mémoire.

Elle me dit :

— Capitaine Le Golif, je descends du Paradis vous saluer, et, en guise de merci pour ce que vous avez, bien galamment, jadis, sauvé mon pucelage en péril, je vous veux aider à vous faire grandement plus riche et glorieux qu'un Prince. Pour cela, dès au jour levé, laissez-vous pousser par le vent que je vous enverrai et allez tout droit bien vent derrière.

Ce ayant dit, elle disparut et je m'éveillai.

Au matin, le vent étant de l'Est, je trouvai la route qu'elle me donnait par là bien singulière. La flotte des Galions se trouvait, lors que nous vint la tourmente, à plus de sept ou huit grandes lieues par devant nous et non en arrière. Mais je ne balançai point à obéir à mon ange. J'ordonnai au timonier de prendre ce cap, ce dont il fut bien étonné. Peu après le soleil paru, je fis établir la misaine, le vent soufflant de beaucoup moins fort, et, l'ayant en poupe, nous courûmes bien joliment sur les vagues, qui étaient encore fort enflées. Nous étions, pour lors, seuls sur la mer, car l'ouragan avait égaillé tous les bateaux, comme il l'eût pu faire des pages d'un cahier déchiré. Voyant la route que nous faisions, il y en eut qui grognèrent et Le Bègue, mon second capitaine, croyant que je renonçais et voulais regagner la Tortue, m'en vint faire remontrance. Mais je le savais homme sensé, vrai Frère de la Côte et entre matelots on ne se doit rien cacher ni celer. Je lui dis donc mon rêve. Il demeura un long temps muet d'étonnement, après quoi, il se signa, et me dit qu'il voulait bien tenir ce cap tout ce jour-ci, mais que si, au soir, on n'avait rien vu, il faudrait changer de bord et hâler vers l'Est. Mais je ne promis rien, me tenant à lui répondre que, la nuit venue, on aviserait. Il sut être raisonnable et m'aida à apaiser les murmures de mes gens. Ils n'eurent point, au demeurant, le loisir de le faire long temps. Peu avant le midi, la vigie signala un navire par devant nous. C'était un vaisseau très haut de bord, quasi autant dégréé qu'un ponton. Nous vîmes bientôt qu'il ne lui restait que son bas mât de misaine, sur lequel ils avaient établi une petite voile de fortune, et il se traînait, comme lion blessé. Ne pouvant être qu'un Galion du Roi d'Espagne, je laisse à penser que les grognements de tout à l'heure eurent tôt fait de se muer en cris de joie et liesse, et je fis faire sur-le-champ préparatifs de combat.

En trois heures de temps, nous fûmes sur son arrière, en un angle de son horizon où ses canons, si gros qu'ils fussent, ne nous pouvaient faire de mal, étant placés comme sur tous les bateaux qui vont sur la mer, dans ses deux flancs. Poussé seulement par un torchon sur son avant, il était bien empêché de venir prestement au lof, pour nous pouvoir lâcher sa bordée. Il l'essaya ce pourtant, mais le fit avec telle lenteur que je n'eus point de peine, en donnant un peu sur tribord, à demeurer sur sa poupe. En l'état où ils étaient, ils eussent mieux fait de nous regarder plutôt comme sauveteurs qu'ennemis, et amener sans retard la grande Enseigne de Castille qu'ils portaient au haut de leur château, lequel était une vraie montagne de balustres, balcons, et saints et saintes de bois peinturlurés, le tout surmonté de trois bien hautes lanternes et d'un grand Crucifix doré.

On peut croire que, confiants en le nombre des soldats d'infanterie qu'ils avaient sur leur bord ils pensaient qu'ils n'avaient point à craindre d'être enlevés d'assaut et ils nous lâchèrent, lors qu'ils nous virent à portée, deux coups de canon par leurs sabords d'arcasse, encore que je n'eusse arboré, moi, aucun pavillon. Etant venus un peu en travers à la lame, ils étaient bien trop secoués pour les pouvoir bien ajuster et leurs boulets se perdirent dans les vagues, sous notre vent. Pour lors, je fis déferler le pavillon de la Flibuste et m'approchai hardiment.

Avant cela, j'avais fait porter sur mon avant tous les fusils que j'avais sur mon bord, au nombre de nonante trois. C'étaient belles armes boucanières, fabriquées, pour les deux-tiers, par Gélin de Nantes, et les autres venaient de chez Brachie le dieppois, et lançant toutes des balles de seize à la livre. Je fis placer les douze plus adroits de mes aventuriers dans la poulaine et en haut du coltis, avec ordre de tirer sur tout ce qu'ils pourraient voir de vivant. C'étaient tous gens qui avaient chassé, jadis, le taureau sauvage qu'il faut abattre au premier coup, faute de quoi, rendu furieux, il charge, et est, par là, bien dangereux. Chacun avait, par derrière lui, deux des nôtres en guise de valets, avec mission de lui prendre, l'un, le fusil vide et l'autre lui en passer sur-le-champ un autre chargé. Et, sous ma misaine, je mis vingt autres, avec seul travail de charger et recharger les fusils.

Les gens de ce Galion nous envoyèrent encore deux boulets par leurs sabords d'arcasse, dont l'un fit un gros trou à notre bourset, mais ils n'eurent pas le temps utile pour les recharger et remettre en batterie, car nous étant, entre temps, approchés fort près, tous ceux-là qui étaient employés au service de ces pièces eurent tôt fait d'avoir chacun sa balle, dans la tête ou dans le corps. Je dus serrer quasi toute ma toile, pour me mettre à leur vitesse et ne les point dépasser. On pense bien que j'étais fort éloigné de l'idée de les aborder sur-le-champ. Mon dessein était d'user de patience, et me tenir sur leur derrière tout le temps qu'il faudrait pour les fatiguer, et abattre par là leur courage. Et ainsi fut fait. Jusqu'au soir nous demeurâmes dans leur ouache, et parfois si près qu'il me fallait embarder pour ne point aller fracasser mon beaupré sur leur poupe. Mes gens en profitèrent pour faire grand feu de leurs fusils dans les fenêtres de leur château, où nos balles brisèrent les dernières vitres que la tempête avait épargnées, et elles portèrent la mort dans la grand chambre, entre les ponts et dans les batteries qu'elles prenaient d'enfilade. Ils s'opiniâtrèrent à user de leurs canons d'arcasse, mais chaque fois qu'ils l'essayèrent nous leur tuâmes tant de monde, qu'ils y durent renoncer. Pourtant avant que le soleil tombât on vit une forte troupe de soldats se montrer pour nous riposter de leurs mousquets, mais la plupart eurent leur compte avant que de lâcher leurs coups, et les autres, pour se pouvoir mettre plus tôt à l'abri, déchargèrent leurs armes sans prendre le temps d'ajuster, si bien qu'ils ne nous firent aucun mal.

Au soir venu, ils s'étaient tous cachés, et plus un homme ne se montrait sur le Galion, qui paraissait s'en aller sur les vagues sans équipage vivant, tout comme le vaisseau du Hollandais Volant.

La nuit tombée, je m'écartai dans la crainte de heurt et d'abordage par accident, et le vent vint à calmer assez pour que j'eusse quelque inquiétude. S'il fut venu à tomber tout à fait, il eut pu me devenir difficile de les rapprocher au matin. Mais ce ne fut point le cas. Au jour levé, je vis le Galion à une petite lieue dans le Nord. Ils avaient tenté de changer leur route pour nous échapper, mais en vain, pour ce qu'ils n'avançaient guère plus qu'un vieux ponton, quoi qu'ils eussent profité de la ténèbre pour établir deux mâts de fortune en place de leur grand mât et de celui d'artimon. Encore qu'ils eussent mis dessus toute la toile qu'ils avaient pu, le vent était si faible que cela ne les pouvait pousser beaucoup et, n'étant pas assez appuyés, ils roulaient si fort bord sur bord, car la houle était encore assez enflée, que l'esparre qu'ils avaient dressé en place de leur grand mât, ne tarda pas à venir tout seul en bas.

Ayant fait servir, je ne fus pas long à les rattraper, non sans essuyer encore deux coups de leurs canons de fuite, qui se perdirent. Je me plaçai derechef dans leur ouache et repris le jeu des fusils. Tout le jour, ces pauvres gens allèrent sur les flots avec la mort au derrière. Et ils se cachaient, à présent, comme des rats. Ne voyant plus rien sur quoi tirer, mes gens se divertirent à couper de leurs balles, les câbles, manœuvres et cordages tant dormants que courants, et à démontrer et briser les poulies. Ils réussirent si bien, qu'une heure avant le soleil couché, le mâtereau qu'ils avaient mis à l'artimon chût sur leur bâbord, et bientôt ce fut leur grosse vergue de misaine qui s'abattit avec grand fracas sur leur gaillard, et, pour lors, le navire ne fut plus rien d'autre qu'un gros banneau. Je m'en éloignai de nouveau avant la nuit, mais auparavant, je vins deux fois en travers et lâchai mes deux bordées dans leur poupe et de fort près, assez pour que nous pussions voir, lors que nous sortîmes de notre fumée, que nos boulets avaient fracassé leur gouvernail. Ils avaient, en outre, fait grand ravage dans tout le peuple de Saints et de Saintes qui s'entassait sur leur château et dont les uns avaient perdu la tête, les autres les bras, et leur grande Enseigne n'était plus qu'écumoire.

Au petit matin, nous vîmes qu'ils avaient pu un peu réparer leur gréément durant la ténèbre, et ils s'efforçaient de se déhaler vers l'Ouest, vent en poupe, cela étant tout ce qu'ils pouvaient faire. Je n'eus pas plus que la veille, de difficulté pour les joindre, et, venant au lof, j'envoyai dans leur chétive mâture de fortune une belle bordée de boulets enchaînés qui remit tout en bas, et détruisit, en un instant, tout leur travail de la nuit, en suite de quoi je me mis en devoir de reprendre le jeu des fusils. J'étais disposé à demeurer collé à leur cul durant des semaines et des mois s'il l'eût fallu et, cela, jusqu'à ce qu'ils s'en lassâssent les premiers. Mais je n'eus point tant à attendre.

Peu avant la méridienne ils en eurent assez, et mirent en bas leur grande Enseigne réduite à l'état de loque.

La mer avait assez calmé pour que je pusse mettre une embarcation à flot et aller à leur bord avec un équipage de prise, recevoir l'épée de celui qui commandait. Il n'était point à craindre de traîtrise, pour ce que les principaux Officiers qui sont sur ces Galions, sont tous du Grand Etat et de vraie et parfois bien haute Noblesse, avec infinité de quartiers à leurs blasons, et ces gens-là sont tant entichés et bouffis d'honneur, qu'ils préféreraient se voir périr plutôt que de manquer une fois à ses lois. Et ce que je dis là des Officiers de Grand Etat espagnols, est vrai pour tous les Officiers de Grand Etat, en toutes les marines Royales qui vont sur les mers.

Je fus reçu au haut de l'échelle par un vieil homme des plus vénérables, tout de noir vêtu, fraise à godrons, les cheveux ras, et belle barbe grise et bien pointue. Il se nomma pour être celui qui avait le commandement pour son Roi, de ce Galion. Il avait à ses côtés un personnage plus petit, qui était vêtu d'une robe ecclésiastique, entouré de quatre prêtres ou fraters. Il m'apprit qu'il était Vicaire Apostolique. Il regagnait l'Aragon, son pays, pour, ensuite, aller à Rome rendre compte à Sa Sainteté le Pape, de la mission que ce dernier lui avait confiée aux Amériques et qui était terminée. Je lui demandai sa bénédiction, qu'il me voulut bien donner et que je reçus agenouillé. On me pardonnera d'avoir oublié leurs noms, qu'ils me dirent, avec leurs titres; tout cela n'est point demeuré dans ma tête. Le vieillard me remit son épée que je lui rendis, voulant lui témoigner par là l'estime que je lui donnais pour la belle défense qu'il avait faite. S'enhardissant après cela, il me dit le plus civilement du monde qu'il m'aurait grande reconnaissance si je ne voulais point conserver en guise de trophée, la grande Enseigne qu'il avait à sa poupe, et que je l'obligerais beaucoup si je consentais à la lui rendre afin qu'il la put montrer à son Roi, toute trouée et déchirée comme elle était, en témoignage de la valeur qu'il m'avait opposée. Je ne crus point devoir me refuser à satisfaire ce désir, préférant les lingots que je présumais être en son entrepont, plutôt que ce chiffon, tout glorieux qu'il fût. Après m'en avoir fait beaucoup de mercis, il me confia qu'il avait des dames à son bord, et Monseigneur le Vicaire Apostolique ajouta qu'il serait heureux de voir que les Flibustiers n'étaient point tant mécréants, cruels et débauchés qu'on le publiait partout, et il dit encore qu'ils avaient plaisir de se voir vaincus par des Flibustiers français plutôt qu'anglais, pour ce que ces derniers, étant hérétiques, n'avaient point, à la guerre, la retenue et la courtoisie ordinaire aux sujets du Roi de France, qui sont demeurés Catholiques romains.

Je les rassurai, promettant sur l'honneur vie sauve à tous, et je leur donnai certitude que nous n'en voulions qu'à la marchandise, et que, pour ce qui était de leurs personnes, ils auraient bon traitement et liberté rendue après paiement d'une rançon dont je leur apprendrais le montant par la suite. Quant à ce qui était des dames, je donnai parole qu'aucune injure d'aucune sorte ne leur serait faite, pour peu qu'elles voulussent bien ne se point trop montrer aux gens de mon équipage.

Ce qu'ayant dit, je fis remettre et enfermer toutes les armes, hormis l'épée du Capitaine Commandant. Après quoi je donnai au braillard mes ordres à Le Bègue qui était demeuré, comme de juste, sur le *Canard-Doré*. Je lui dis de passer sur notre avant et de nous envoyer par l'embarcation deux grelins pour nous tirer en ouache, et je m'occupai à faire réparer quelque peu et autant qu'il se pouvait, le désordre qui était dans le gréément du Galion, aidé à cela par ce qui restait de mariniers espagnols. Tous ces gens étaient en joie d'avoir sauvé leur peau, aussi bien de la tempête qui leur avait donné grande frayeur, que des balles de nos fusils.

Aucune dame ne fut inquiétée ni molestée. Je dois dire que, sur les cinq qu'elles étaient, il n'y en avait, en vérité, pas une seule qui en valût la peine. Et elles ne se montrèrent guère, si ce n'est à moi, qui les visitai deux ou trois fois par courtoisie, et elles ne sortirent point de leurs chambres, où elles passaient tout leur temps à être bien travaillées du mal de mer.

Je sus du Commandant de ce Galion que la bourrasque les avait mis à deux doigts de leur perte, ayant manqué de peu d'être retournés par la force du vent, si le plus gros de la mâture ne se fût rompu. Etant pour lors bien désemparés, et efflotés de leur escadre, ils n'avaient su que se laisser pousser par l'ouragan. Au matin du jour où je les avais trouvés, ne pouvant plus espérer reprendre la route de l'Espagne et traverser les océans en l'état où ils se voyaient, ils avaient arrêté de revenir vers Carthagène des Indes. Mais nous avions suspendu ce voyage. Il me dit aussi que je ne serais point venu à bout de lui, si ses soldats eussent été en état de se tenir sur leurs jambes et de combattre. N'étant point accoutumés à aller sur la mer, ils ne cessaient d'être nuit et jour tourmentés par les bondissements que faisaient leurs estomacs, dont s'échappaient, aussitôt pris, tous les aliments et ils étaient, par là, bien affaiblis.

Je ne jugeai point utile d'entrer avec lui en controverse sur ce point, mais j'affirme ici, que, s'ils eussent été dix fois plus nombreux et gaillards, je n'eus point manqué, néanmoins, d'en venir à les réduire, pour ce que la valeur et le courage des Flibustiers sont tant grands et considérables, qu'il n'est rien ni personne au monde, ni même les éléments, dont ils ne puissent triompher.

Je laisse à penser l'accueil qui me fut fait à la Tortue, lors qu'on y vit revenir le *Canard-Doré*, traînant en ouache un des plus gros et pesants vaisseaux qu'on y eût jamais vu.

Il se trouvait sur ce Galion quatre cent quarante gros lingots d'or fin du Pérou [1], neuf cents d'argent, douze coffres emplis de perles de Panama et d'ailleurs, aussi bien que des pierres les plus rares et précieuses, et quantité d'autres marchandises et denrées du plus haut prix dont je ne ferai point ici l'inventaire pour ce qu'il y faudrait des volumes.

C'étaient richesses quasi inumérables que nous avait envoyées le Ciel par l'intercession de mon ange de Maracaye. Une fois mise à côté la part du Roi, tout cela nous apporta, à moi comme à tous mes gens, une quantité infinie de biens et fortune très abondante, en sus de la gloire.

Sitôt que je pus descendre à terre, je fus retrouver le

1. Il convient de ne pas trop s'arrêter à ces chiffres. Le capitaine Borgnefesse s'étant peut-être laissé aller, là comme ailleurs, à quelque exagération.

Père Michel Paul et après avoir fait le généreux pour ses pauvres et pauvresses, je le priai de bien vouloir dire deux messes, en guise de merci, consacrées à la fillette de Maracaye, après quoi je festoyai largement puisque je me voyais désormais grandement et prodigieusement riche.

Il était pour lors à la Tortue, une fille née d'une quarteronne et d'un Anglais qui se trouva être à mon gré, et je vécus avec elle quelques semaines. Mais elle en voulait plus à mes écus qu'à mon cœur. Je le vis bien lors qu'elle quitta l'île, je n'en sais ni le pourquoi ni le comment, en m'emportant un sac de deux cents ducats d'or. C'était peu de chose. J'en eus néanmoins sur-le-champ grande colère. Mais je m'en consolai bientôt, aidé à cela par quelques flacons, et il y avait d'autres belles à la Tortue.

XVII

Pourquoi et comment je regagnai la France

Bientôt nous vinrent, en surplus des richesses que j'ai dites, la rançon de Monseigneur le Vicaire Apostolique, que je fis élevée, celle du Capitaine Commandant du Galion, qui était Grand d'Espagne et arrière-petit-neveu, par les femmes, de l'Empereur Charles-Quint, celles des dames qui étaient toutes de première qualité et haute Noblesse, et celles des maris de trois d'entre elles qui les accompagnaient. Tout cela se monta à une belle et importante quantité de ducats d'or.

Il s'émut peu après une fameuse dispute, qui n'eut, pour cause, que l'envie et l'avarice la plus sordide, comme on le va voir.

Les aventuriers qui étaient revenus à la Tortue sur leurs barques et bateaux plus ou moins fatigués et dégréés par la tempête, n'ayant rien vu ni pris, et demeurés, par là, tout aussi gueux comme auparavant, s'avisèrent d'avoir l'outrecuidance de vouloir partager avec nous ce que nous avions gagné sur le Galion, et cela, selon ce qu'ils prétendaient être lois de la flibuste et signé par devant Notaire. Il était bien écrit sur le papier que le butin devait être mis en commun, mais il était écrit aussi que l'on devait demeurer toujours groupés en flotte et aller de conserve, ce qui, par la faute de la grosse bourrasque et ouragan qui nous avait assailli n'avait pu être le cas. Ayant été séparé de tous par fortune de mer, je m'estimais, à fort bonne raison, comme on en conviendra, relevé de cette obligation. Il y aurait eu bien grosse injustice à voir ces fainéants et ces failli-chiens, qui étaient à des lieues de là, durant que nous combattions, nous venir prendre, ce présent, la plus grosse part de notre gain. Aussi bien, n'était-ce point à moi, et à mes gens seuls, que la pucelle de Maracaye avait voulu faire le cadeau ?

De surcroît, ne pouvait-on dire, qu'étant leur Amiral, c'est eux qui eussent dû me suivre, et non point moi les suivre, et que c'était eux, qui, premiers, s'étaient dégagés par là des obligations de la chasse-partie ?

On conviendra que leur mauvaise foi n'était point petite à vouloir mettre en conteste tels arguments, et il ne pouvait qu'éclater aux yeux d'un juge bien impartial, que tout le bon droit était de mon côté.

Malgré cela, il s'enfla méchantes et grosses querelles sur ce sujet, et j'eus, à ce propos, trois duels, où je ne fus pas long à coucher les malcontents sur le sol, ce qui fit tenir les autres un peu plus tranquilles. Il fut convenu, pour lors, que la dispute serait portée devant Monsieur de Franquesnay, Lieutenant du Roi, qui tenait la place de Gouverneur, lequel, ne se sentant point l'autorité voulue pour en décider, fit traîner l'affaire en avocasseries.

C'est vers ce temps que je fus bien grièvement malade, pour ce que, n'ayant pu se défaire de moi l'arme à la main, ils le voulurent faire par poisonneux breuvage que je pris je ne sais où. Mais j'en échappai.

On voit par tout cela que la Flibuste n'était plus ce

qu'elle était auparavant. Quantité de coquins et de coquines étaient venus de tous les coins du monde, se mêler à nous, tandis que nombre de braves et honnêtes gens avaient laissé la Tortue, pour s'aller établir habitants sur la grande terre et les villes de Léogane, du Petit-Goave et du Cap Français avaient fort grossi, au détriment de celle de la Rade, où bien des maisons demeuraient vides et commençaient de venir en ruine, et ceux-là qui y étaient demeurés n'étaient point des meilleurs. J'ai regret de devoir dire que, parmi les plus enflammés contre moi, était ce nommé Tiburce, à qui j'avais sauvé la vie, après le naufrage du *Caribou*, comme je l'ai conté, et je crois bien que c'est ce scélérat qui me voulut empoisonner. On peut voir là un effet de l'ingratitude qui est commune à toute l'engeance humaine, et non point seulement le fait des Princes et des Rois.

On eût dit que la Tortue était venue à être l'égout de l'Europe. On y pouvait voir, chaque jour, les choses les plus ordurières et les plus brutes. Pour qu'on en juge je veux conter qu'un soir, au cabaret du *Rat qui pète*, je fus témoin de ce duel qui coûta la vie à deux ânes à têtes d'hommes, et, si ce ne fut pas grosse perte, ce fut bien répugnant spectacle.

S'étant pris de dispute, après querelle de jeu, et fort excités par le boire, deux ivrognes se défièrent et s'insultèrent, s'appelant couards et foireux, et faisant si bien chacun le matamore, que, saoulés de paroles en surplus que de vin, l'un osa dire à l'autre que, pour capon châtré il le tiendrait s'il ne se voulait battre avec lui, sur-le-champ, au couteau, après qu'on les eut liés tous deux par l'avant du bras gauche, et l'autre fut assez fol pour relever ce défi. D'autres ivrognes, qui s'amusaient de l'idée, les attachèrent l'un à l'autre, avec courroies et ceintures, main contre coude, et bien serré. Après quoi, on leur mit à chacun grand couteau de boucanier au poing droit, et on les laissa aller. Et ils se lardèrent de tant de coups, dont ils ne pouvaient parer aucun, qu'ils eurent tôt fait de choir ensemble en une grosse mare de sang, en laquelle ils barbottèrent en se piquant toujours furieusement, tant le visage que les tripes, et, quand l'un, étant mort, en vint à ne point plus remuer que soliveau, l'autre, qui n'était guère en meilleur état, trouva encore le moyen d'ouvrir le ventre du trépassé sur un pied et demi de longueur, si bien que toutes les entrailles s'échappèrent avec grosse puanteur et désordre, après quoi il rendit l'âme à son tour, le nez dans le cul de son ami, car il me fut dit, par la suite, qu'ils avaient été, jusque-là, les meilleurs amis qui fussent au monde.

Et je ne parle pas de tous ceux-là, qu'on pouvait trouver, chaque matin, expédiés vilainement dans la nuit par traîtrises et embuscades, ayant vol ou vengeance pour mobile, les uns, avec les yeux arrachés, les autres, avec les génitoires enlevées, et autres choses tant infâmes que ma plume se refuse à les écrire. Le vieil Cameyrelongue finit ainsi, ayant été attiré en un guet-apens par une négritte qu'il prétendait prendre pour femme, encore qu'elle n'eût point encore tout à fait quinze ans, mais était déjà bien fieffée putain.

On était bien avisé, pour lors, de ne s'en aller promener que portant tout un arsenal. J'avais toujours sur moi, outre mon épée, que je ne quittais jamais, un sabre, plusieurs couteaux et quatre pistolets chargés. On conviendra que le séjour en pareil pays n'était point fait pour plaire à l'homme de bien que je me suis toujours efforcé d'être.

C'est vers ce temps que nous apprîmes que le Roi

Louis avait fait, à Nimègue, sa paix avec Celui d'Espagne, ce qui ne plut guère à nos aventuriers pour ce qu'on les voulût, pour lors, empêcher de faire la course et, de là seul, ils tiraient toutes leurs ressources. Beaucoup voulaient passer outre aux ordres du Roi. On leur disait bien que, ce faisant, ils cesseraient d'être réguliers corsaires et se feraient pirates et forbans, la plupart n'en avaient cure. A la vérité, il y avait à hésiter.

Une chose, entre autres, qui me poussa à quitter la Tortue est que je fus voir un vieux sorcier nègre qu'on me dit être fort expert en son art, et habile à pénétrer l'avenir. Etant entré en sa case, il me dit d'avoir à ôter mon épée du fourreau et la planter en terre, et qu'il la ferait parler. Lors que j'eus ainsi fait, il murmura force prières, avec grimaces et signes bien mystérieux, et, quand il en eut fini, il me pria d'interroger l'épée. Ayant demandé si je devais ou non demeurer dans l'île, on peut croire que je ne fus pas peu surpris d'ouïr cette arme me répondre, avec petite voix, par le pommeau, et me prévenir que je ferais bien de quitter le pays au plus tôt, pour ce que, si j'y restais, j'y finirais mes jours massacré.

Je ne parlai de cela à quiconque pour ce que j'eusse mis ce pauvre noir en le cas d'être pendu ou brûlé tout vif, car la magie est défendue aux îles, comme de juste. Mais je ne manquai pas d'en être bien ému, et, après avoir traité pour vendre mon habitation de la Jardinière à bon prix, je passai à la grande terre et d'abord à Léogane, où je revis le Capitaine Fulbert et sa dame, comme je l'ai conté. Là je retrouvai mon ami, le Général Laurent de Graff. Il avait pour lors en tête de monter une grande chasse-partie pour aller surprendre les Espagnols de l'autre côté de l'Amérique, en la mer du Sud ou Pacifique, où il se disait assuré de n'y être point importuné par les frégates que le Roi menaçait d'envoyer aux îles avec ordre d'y arrêter la Flibuste, et il se faisait fort d'obtenir de Monsieur de Franquesnay, Commissions en règle pour ce faire, ce qui fut le cas, en effet. Il me pressa bien fort de m'embarquer avec lui en cette aventure pour ce qu'il connaissait de longue date ma valeur et mes mérites, mais son idée ne me plaisait qu'à demi. Premièrement : pour ce qu'il en voulait demeurer le chef et que je ne voyais point de raison pour que ce chef ne fût point moi ; deuxièmement : pour ce que cette équipée reposait sur un argument qui me paraissait, par certains côtés, un peu fourchu, et qu'on y risquait d'y glisser à la piraterie ; troisièmement : pour ce que j'étais grandement riche et que je répugnais à risquer ces richesses, sans compter la vie, pour l'espoir d'en acquérir d'autres. J'y étais bien encouragé, ce pourtant, par le goût de l'aventure qui me travaillait toujours malgré l'âge, encore que je n'était plus échauffé, comme auparavant, par le feu de la jeunesse. La perspective d'une vie qui ne pouvait manquer d'être désormais insipide, si je prenais le chemin conseillé par la sagesse, me faisait balancer à le faire ou ne le point faire.

C'est pour lors que me parut, pour la deuxième fois, en mon sommeil, la pucelle de Maracaye :

— Capitaine Le Golif, me dit-elle cette nuit-là, je vous viens prévenir que je vous aime brave et loyal homme de guerre, mais que je ne le ferai plus si je vous vois forban. Si vous partez avec Laurent, vous vous ferez rebelle à votre Roi, et plus jamais ne me reverrez en vos songes.

Quand je m'éveillai, mon parti était pris, et je me préparai à revenir en France sur le premier vaisseau que ces Messieurs de la Compagnie mettraient à la voile. Je laissai le *Canard-Doré* à Le Bègue. Il n'en voulut prendre le commandement pour la cause de son infirmité, qui m'avait fait perdre le *Jovial-Tiburon*. Il le vendit, avec bon bénéfice, à un nommé La Souris qui se fit forban par la suite et j'ai appris qu'il finit pendu. Tant va la cruche à l'eau, qu'à la fin elle se casse. Le Bègue se retira aux trois îlots, en l'île Martinique, où il acquit une habitation et s'y fixa avec quinze esclaves dont six négresses. J'ai tout lieu de penser qu'elles lui ont fait un sérail, car il fut toujours homme à préférer la quantité à la qualité. Il n'avait point plus que moi voulu partir avec Laurent, et il fit bien, pour ce que cette expédition à la mer du Sud, fut malheureuse. Un certain Raveneau de Lussan, qui ne se nommait que Raveneau lors que je l'ai connu, en a fait une relation qui fut imprimée à Paris, il y a peu de temps. J'y envoie ceux qui seront curieux de savoir ce qui advint aux aventuriers sur cette mer [1].

Le 4 octobre de l'an 1685, je revis mon pays. Je n'y fus pas reçu de la manière que j'attendais. On reconnaîtra qu'après les services que mes bras avaient rendus à la Couronne, je pouvais nourrir l'espoir qu'il m'en fût témoigné quelque gratitude. Si j'avais déployé sur les mers d'Europe le quart des mérites que j'ai montrés sur celle des Caraïbes, j'eusse été fait, par le Roi, Duc ou Marquis. J'appris par là, trop tard, qu'il est meilleur de montrer sa valeur près du soleil que loin. Quoi qu'il m'en coûtât, il me fallut bien en prendre mon parti. La modestie, qui est au premier rang de mes vertus naturelles, m'y aida.

---

1. *Histoire des Flibustiers de la mer du Sud*, par Raveneau de Lussan, chez Jacques Lefèvre à Paris, rue Saint-Séverin à l'enseigne du « Soleil d'Or » (1707). Cela nous montre que le capitaine Borgnefesse a écrit ces mémoires passé cette date. Il devait avoir, alors environ soixante-dix ans

Peu après être arrivé, je fus attaqué d'une griève maladie. Le médecin qui me fut amené commença par me régaler d'un clystère. Le lendemain, ayant fait garder ma fiente en un pot, il la regarda longuement, la remuant avec une cuillère qu'il voulut d'argent, et que je vendis par la suite. Ce fouillemerde me dit que c'était la bile qui s'échauffait avec excès de véhémence lors que les aliments cuisaient en mon estomac, et qu'il fallait que j'en fusse vidé par lavements, purges et saignées. Il venait toujours armé de sa lancette ou de sa seringue, et, au surplus, il prétendit que je remplaçasse la viande par bouillons de navets, raves ou carottes, et le vin par la tisane. M'étant plaint que, par ce système, il en viendrait à me faire périr de famine, il me voulut bien permettre la légume, laquelle est venteuse et me gonfla si bien le ventre que j'en vins à échapper des vents tout au long des jours et des nuits, au prix de beaucoup de fatigue. Sur quoi, ayant fait venir un autre médecin, ce dernier dit que le premier n'était qu'un âne habillé en dindon et errait grandement de m'avoir permis la légume, Hippocratès ayant écrit que toutes les maladies proviennent des ventosités qui se forment dans le corps, et que la légume porte en elle le germe de certaines vapeurs qui éclatent comme poudre à canon. Il me fit boire largement, mais seulement de l'eau à seule fin de noyer cette poudre, et me voulut, par la suite, soigner par emplâtres et pilules.

S'étant un jour rencontrés à mon chevet, ces deux disciples d'Esculape se disputèrent vilainement plus d'une heure durant, ne parlant qu'urine, fiente, sueurs, pestilences, excréments, sang pourri, lèpres, ulcères et rognes, si bien qu'ils me firent venir le cœur aux lèvres, et que je fus secoué, après les avoir ouï, des plus gros vomissements qui me fussent jamais venus en ma vie, et où je pensai rendre à Dieu mon âme, en même temps que puantes liqueurs de bile et glaires. Ce fut ce qui me sauva et me dégagea le ventre. En suite, ne les ayant voulu revoir plus l'un que l'autre, la nature reprit son équilibre, et je me guéris prestement en buvant grosse quantité d'élixir de propriété.

Ayant fait réflexion, ce pourtant que, si les vomissements que j'ai dit m'avaient vidé des peccantes humeurs dont j'avais le corps encombré, ils ne me pouvaient avoir ôté la cause pour laquelle elles s'étaient formées en moi, je fis venir un très savant astrologue qui soignait les malades par les astres. Il me dit qu'étant né sous le signe du Verseau, j'étais sous l'influence des vents, et qu'il voyait là pourquoi la légume m'est contraire. Et il me donna aussi, par là, la raison pour laquelle je me suis toujours mieux porté sur la mer que sur la terre. C'est qu'il ne faut point dormir avec les pieds dans la direction d'où vient le vent, mais, tout le contraire, y mettre sa tête. Je fis remarque qu'on ne peut jamais se trouver sur un navire à la mer, avec les pieds en cette mauvaise direction, pour peu que l'on se couche sur la camagne avec la tête du côté de la poupe, ce que j'ai toujours fait sans savoir combien je faisais bien. Nul bateau ne pouvant aller tout droit dans l'aire du vent, on ne risque point, pour lors, être à dormir avec les pieds de ce méchant côté. Et voilà le pourquoi je me suis toujours si bien porté sur la mer. Ce savant homme me dit de prendre grand soin pour mettre tous les jours mon lit dans l'axe du vent, et la tête du côté d'où il souffle, ce que j'ai toujours observé depuis ce temps avec grand profit pour ma santé. Il m'advient même, parfois, de changer la place de mon lit plusieurs fois dans la nuit, pour peu que les vents varient de direction, ce qu'ils font souvent, étant de naturel capricieux. Je m'en aperçois à ce que je ne puis plus dormir, et le sommeil revient sitôt que j'ai mis mon lit dans celui du vent. Cela aide les vapeurs poisonneuses qui se forment dans le ventre, et qui veulent sortir, ce qu'elles ne peuvent faire aisément contre le vent.

A quelque temps de là, la guerre ayant de nouveau éclaté, et étant guéri, j'allai à Paris pour offrir au Roi le service de mon épée. Je n'eus pas à me louer du séjour que je fis en cette fourmilière. Je trouvai les rues grandement puantes du pissat, du fumier et de la fiente séchée qui y sont répandus à profusion, et j'y fus volé, en une taverne où je me laissai aller à boire sans assez de retenue, avec des gens que je ne connaissais que de la veille, et qui m'avaient flatté de pouvoir user de leurs entrées qu'ils disaient avoir auprès de quelques hauts gentilshommes de la Cour, pour me procurer audience du Monarque. Ils prirent ma bourse et je ne les revis plus. J'appris par là qu'il est des malhonnêtes gens en tous lieux du monde, mais ceux de Paris ont plus fine feintise et cautèle que partout ailleurs. Vous eussiez, comme moi, donné à ceux-là le bon Dieu sans la confesse, tant leur dehors était celui de gens de bonne qualité. Ils n'en sont que plus filous et blâmables, et, si je les eusse pu revoir, je m'en serais vengé bien dur et bien fort, on m'en peut croire. Mais où les aller chercher en cette ville si grosse et grande qu'on y peut vivre toute une vie, sans rencontrer deux fois les mêmes gens ? La maréchaussée elle-même, où je fus me plaindre bien haut, ne les put retrouver ni joindre.

La perte d'argent que je fis là me contraignit à faire plus court mon séjour en cette ville capitale, ayant perdu le plus gros de ce que j'avais emporté avec moi pour le voyage, et n'ayant point de lettre de change.

Je m'arrêtai néanmoins à Versailles au retour, où, si

je ne pus voir le Roi, du moins vis-je sa demeure. On me permettra de dire que je fus déçu. Tout grand qu'il soit, son Palais n'est que de pierre, avec seulement un peu de marbre par-ci par-là, et les toits n'en sont point en or massif, comme me l'avait dit jadis un gentilhomme que j'ai connu aux Iles, Monsieur de Coëtquen, et je vis là qu'il m'avait menti. Ils ne sont que de plomb doré, ainsi que les figures des fontaines, lesquelles forment tout un peuple de naïades, nymphes, faunes, sirènes, bacchantes, représentés dévêtus et en postures indécentes, et, par-là, se peut voir la corruption des Cours. J'ai vu, sur la pièce d'eau majeure, une petite galère et une frégate en réduction, mais l'étang où elles sont est tant étriqué que ces navires semblent des cygnes dans un pot de chambre.

En bref, en lieu que de rapporter de ce voyage, comme je l'espérais, un brevet de Capitaine de Grand Etat, et le commandement de l'un des vaisseaux de Sa Majesté, si ce n'est celui d'une escadre, je ne ramenai qu'une maladie, que je gagnai d'une servante de l'hôtel où je logeais. Je n'étais point fâché de rentrer chez moi plus tôt que je l'avais prévu pour m'en pouvoir soigner. Pour dire le vrai, ce n'était point la première maladie de cette sorte qui me fût venue, mais, aux îles, elles guérissent plus prestement qu'ici, sans doute pour ce qu'on en fait moins de cas et qu'il n'y est point de médecins habiles à faire durer le mal pour tirer plus d'argent du patient.

Une autre raison pour laquelle je ne me peux bien porter en une ville comme est Paris, est que les maisons y sont tant hautes qu'on ne peut voir aisément la fumée des cheminées, et j'étais par là bien empêché de savoir quelle bonne place il me fallait donner le soir à mon lit.

Revenu chez moi, toutes les lettres que j'ai faites au

Roi, depuis lors, sont demeurées sans réponse. Je ne doute point que quelques courtisans envieux les aient empêchées de venir jusque sous ses augustes yeux. On ne donne, à Versailles, les brevets d'Officier, qu'à ceux qui ont quartiers de Noblesse. Cela dit assez pourquoi les armées navales de France ont, depuis, essuyé si grands revers à La Hougue et ailleurs. On peut bien croire que si j'eusse été présent, les choses eussent tourné tout autrement, et j'ai le cœur bien gros de voir notre grand Roi si mal servi.

C'est vers ce temps que quelques amis que je me fis en la ville de Saint-Malo, me voulurent marier.

Mais il ne me parut point utile d'encombrer mon lit d'une femme, alors que, pour le bien de ma santé, je me vois contraint de le déplacer jusqu'à trois ou quatre fois dans la nuit, lors que les vents sont inconstants....

....

Ici se terminent les mémoires du capitaine Borgnefesse, les pages qui suivaient ayant été dévorées par l'incendie.

FIN

TABLE

Dans la collection Les Cahiers Rouges

(dernières parutions)

Lou Andreas-Salomé	*Friedrich Nietzsche à travers ses oeuvres*
Jacques Audiberti	*Les enfants naturels*
Jacques Audiberti	*L'Opéra du monde*
François Augiéras	*L'apprenti sorcier*
François Augiéras	*Domme ou l'essai d'occupation*
François Augiéras	*Un voyage au mont Athos*
François Augiéras	*Le voyage des morts*
Marcel Aymé	*Vogue la galère*
Jurek Becker	*Jakob le menteur*
Louis Begley	*Une éducation polonaise*
Julien Benda	*La tradition de l'existentialisme*
Emmanuel Berl	*La France irréelle*
Emmanuel Berl et Jean d'Ormesson	*Tant que vous penserez à moi*
Tristan Bernard	*Mots croisés*
Princesse Bibesco	*Le confesseur et les poètes*
Lucien Bodard	*La vallée des roses*
Alain Bosquet	*Une mère russe*
Jacques Brenner	*Les petites filles de Courbelles*
Charles Bukowski	*Factotum*
Charles Bukowski	*Women*
Anthony Burgess	*Pianistes*
Michel Butor	*Le génie du lieu*
Truman Capote	*Prières exaucées*
Hans Carossa	*Journal de guerre*
André Chamson	*Le crime des justes*
Jacques Chardonne	*Ce que je voulais vous dire aujourd'hui*
Bruce Chatwin	*Utz*
Bruce Chatwin	*Le vice-roi de Ouidah*
Jacques Chessex	*L'ogre*
Emile Clermont	*Amour promis*
Jean Cocteau	*Reines de la France*

Jean-Louis Curtis	*La Chine m'inquiète*
Léon Daudet	*Souvenirs littéraires*
Degas	*Lettres*
Joseph Delteil	*La Deltheillerie*
Joseph Delteil	*Jeanne d'Arc*
Joseph Delteil	*Jésus II*
Joseph Delteil	*La Fayette*
André Dhôtel	*L'île aux oiseaux de fer*
Maurice Donnay	*Autour du Chat Noir*
Robert Dreyfus	*Souvenirs sur Marcel Proust*
Alexandre Dumas	*Catherine Blum*
Alexandre Dumas	*Jacquot sans Oreilles*
Umberto Eco	*La guerre du faux*
Oriana Fallaci	*Un homme*
Ramon Fernandez	*Molière ou l'essence du génie comique*
Ferreira de Castro	*La mission*
Ferreira de Castro	*Terre froide*
Max-Pol Fouchet	*La rencontre de Santa Cruz*
Georges Fourest	*Le géranium ovipare*
Georges Fourest	*La négresse blonde*
Jean Freustié	*Proche est la mer*
Gabriel García Márquez	*L'automne du patriarche*
Gabriel García Márquez	*Chronique d'une mort annoncée*
Gabriel García Márquez	*Récit d'un naufragé*
David Garnett	*La femme changée en renard*
Maurice Genevoix	*Raboliot*
Jean Giono	*Colline*
Jean Giono	*Jean le Bleu*
Jean Giono	*Que ma joie demeure*
Jean Giono	*Le Serpent d'Étoiles*
Jean Giono	*Un de Baumugnes*
Jean Giono	*Les vraies richesses*
René Girard	*Mensonge romantique et vérité romanesque*
Jean Giraudoux	*Églantine*
Jean Giraudoux	*La menteuse*
Jean Giraudoux	*Supplément au voyage de Cook*
Yvette Guilbert	*La chanson de ma vie*
Louis Guilloux	*Hyménée*
Jean-Noël Gurgand	*Israéliennes*
Kléber Haedens	*Magnolia-Jules/L'Ecole des parents*
Daniel Halévy	*Pays parisiens*

Knut Hamsun	*Au pays des contes*
Pierre Herbart	*Histoires confidentielles*
Henry James	*Les journaux*
Pascal Jardin	*Guerre après guerre*
Marcel Jouhandeau	*Les Argonautes*
Ernst Jünger	*Rivarol et autres essais*
Franz Kafka	*Journal*
Jean de La Varende	*Le Centaure de Dieu*
Armand Lanoux	*Maupassant, le Bel-Ami*
Jacques Laurent	*Croire à Noël*
G. Lenotre	*Napoléon - Croquis de l'épopée*
G. Lenotre	*Versailles au temps des rois*
Norman Mailer	*Les armées de la nuit*
Antonine Maillet	*Les Cordes-de-Bois*
Antonine Maillet	*Pélagie-la-Charrette*
Luigi Malerba	*Le serpent cannibale*
Eduardo Mallea	*La barque de glace*
Clara Malraux	*Nos vingt ans*
Heinrich Mann	*Le sujet !*
Klaus Mann	*Mephisto*
Klaus Mann	*Le volcan*
Thomas Mann	*Les maîtres*
Claude Mauriac	*André Breton*
François Mauriac	*Les chemins de la mer*
François Mauriac	*Le mystère Frontenac*
François Mauriac	*La robe prétexte*
François Mauriac	*Thérèse Desqueyroux*
Jean Mauriac	*Mort du général de Gaulle*
André Maurois	*Le cercle de famille*
André Maurois	*Les silences du Colonel Bramble*
Frédéric Mistral	*Mirèio-Mireille*
Thyde Monnier	*La rue courte*
Paul Morand	*Rien que la terre*
Sten Nadolny	*La découverte de la lenteur*
Gérard de Nerval	*Poèmes d'Outre-Rhin*
Edouard Peisson	*Hans le marin*
Edouard Peisson	*Le pilote*
Édouard Peisson	*Le sel de la mer*
Sandro Penna	*Poésies*
Sandro Penna	*Un peu de fièvre*
Raoul Ponchon	*La muse au cabaret*
Henry Poulaille	*Pain de soldat*

Bernard Privat	*Au pied du mur*
Raymond Radiguet	*Le diable au corps, suivi du Bal du comte d'Orgel*
Charles-Ferdinand Ramuz	*Le garçon savoyard*
Charles-Ferdinand Ramuz	*Jean-Luc persécuté*
Charles-Ferdinand Ramuz	*Joie dans le ciel*
Paul Reboux et Charles Muller	*A la manière de…*
Christine de Rivoyre	*Boy*
Christiane Rochefort	*Archaos*
Christiane Rochefort	*Printemps au parking*
Auguste Rodin	*L'art*
Henry Roth	*L'or de la terre promise*
Jean-Marie Rouart	*Ils ont choisi la nuit*
Claire Sainte-Soline	*Le dimanche des Rameaux*
Peter Schneider	*Le sauteur de mur*
Victor Serge	*Les derniers temps*
Ignazio Silone	*Fontamara*
Ignazio Silone	*Le secret de Luc*
Osvaldo Soriano	*Jamais plus de peine ni d'oubli*
Osvaldo Soriano	*Je ne vous dis pas adieu…*
Osvaldo Soriano	*Quartiers d'hiver*
Roger Stéphane	*Portrait de l'aventurier*
Pierre Teilhard de Chardin	*Genèse d'une pensée*
Pierre Teilhard de Chardin	*Lettres de voyage*
Paul Theroux	*La Chine à petite vapeur*
Paul Theroux	*Voyage excentrique et ferroviaire autour du Royaume-Uni*
Roger Vailland	*Bon pied bon oeil*
Frédéric Vitoux	*Bébert, le chat de Louis-Ferdinand Céline*
Ambroise Vollard	*En écoutant Cézanne, Degas, Renoir*
Kurt Vonnegut	*Galápagos*
Kenneth White	*Terre de diamant*
Walt Whitman	*Feuilles d'herbe t.2*
Jean-Didier Wolfromm	*Diane Lanster*
Jean-Didier Wolfromm	*La leçon inaugurale*
Stefan Zweig	*Fouché*
Stefan Zweig	*Magellan*
Stefan Zweig	*Marie Stuart*
Stefan Zweig	*Marie-Antoinette*
Stefan Zweig	*Souvenirs et rencontres*
Stefan Zweig	*Un caprice de Bonaparte*

Cet ouvrage a été imprimé par

FIRMIN DIDOT

GROUPE CPI

Mesnil-sur-l'Estrée

pour le compte des Éditions Grasset
en septembre 2004

Imprimé en France
Dépôt légal : septembre 2004
N° d'édition : 13394 - N° d'impression : 69676
ISBN : 2-246-10014-3
ISSN : 0756-7170